ICH HABE EINEN ENGEL IN MIR ...

Mein Leben und meine Geschichten

Bibliografische Information der Deutschen Bibliothek
Die Deutsche Bibliothek verzeichnet diese Publikation in der Deutschen Nationalbibliografie; detaillierte bibliografische Daten sind im Internet über http://dnb.ddb.de abrufbar.

Ebru Pek, Klinikum Bremen Mitte (Hrsg.)
Ich habe einen Engel in mir ...

Berlin: Pro BUSINESS 2008

ISBN 978-3-86805-129-2

1. Auflage 2008

Produktion und Herstellung: Pro BUSINESS GmbH
Gedruckt auf alterungsbeständigem Papier
Printed in Germany

www.book-on-demand.de

Umschlagsgestaltung unter Verwendung einer Zeichnung von Ebru Pek
Texte und Zeichnungen: Ebru Pek
Gestaltung und Produktion: WDR GMG printdesign, Köln
April 2007

VORWORT

In jedem Menschen schlummern Kräfte – manchmal tief verborgen und für den Einzelnen (fast) nicht mehr spürbar. Diese Stärken braucht jeder, um Krisen und Krankheiten bewältigen zu können. Deshalb versuchen wir – das sozialpädagogische Team der Professor Hess Kinderklinik – bei den Kindern diese Stärken zu entdecken, zu fördern und wachsen zu lassen. Im kreativen Umgang mit den speziellen Begabungen, Vorlieben und Interessen der Patienten möchten wir den Kindern zu wichtigen Erfolgserlebnissen und somit zusätzlicher Kraft verhelfen; Kraft, mit der sie gestärkt ihrer Krankheit begegnen können.
Bei uns im sozialpädagogischen Team bildet das den Schwerpunkt der Arbeit mit schwer erkrankten und chronisch kranken Kindern. So manchen Schatz dürfen wir dabei freilegen.
Ebrus Buch ist so ein Schatz. Ebrus Reichtum an Phantasie, ihr Interesse an den Mitmenschen und ihre sprachliche Begabung haben viele fröhliche und besinnliche Geschichten entstehen lassen. Manch anderem Patienten unserer Klinik hat „Ich habe einen Engel in mir" Mut gemacht und Motivation geschaffen, die eigenen Kraftquellen zu entdecken. Und daraus entstand ein eigener Weg.
So hat sich Ebrus Wunsch erfüllt, dass ihr Buch auch anderen eine Hilfe ist, „dass es euch gefällt und ihr oft lachen werdet."

Bremen im April 2008

Kathrin Denk
Sozialpädagogisches Team der Professor Hess Kinderklinik

Krankheit und Tod gehören zum Leben, ja sicherlich. Und dennoch, schwere Krankheit und Tod gehören nicht zu Kindern. Kinder müssen leben, spielen, lernen, erwachsen werden. Manchmal allerdings hat das Schicksal einen anderen Plan. Dann verbringen Kinder oft Monate im Krankenhaus, machen eine unglaubliche Tortur durch und sind dabei unglaublich tapfer. Wir Erwachsenen stehen hilflos daneben, beten, hoffen, trösten, vertrauen den Ärzten. Die Organisation „wünschdirwas" hat erkannt, dass man manchmal nicht mehr machen kann, als in dieser Zeit dem Kind ein Versprechen zu geben. Das Versprechen einen Wunsch zu erfüllen, einen ganz kleinen irdischen Wunsch. Ein Wunsch, der für das Kind so wichtig ist, Kraft gibt um ums Leben zu kämpfen. Denn bei allem Leiden ist da ja dieser Traum von der Erfüllung meines Wunsches. Die Mitarbeiter der „Aktuelle Stunde" glauben, dass dieses wichtig ist und unterstützen die Arbeit von „wünschdirwas". Ebru hat ein tolles Buch geschrieben und uns Erwachsenen gezeigt, dass bei allem Leid, die Welt eines Kindes eine Fröhliche sein kann.

Norbert Dohn, Redakteur „Aktuelle Stunde"

ICH HABE EINEN ENGEL IN MIR ...

Mein Leben und meine Geschichten

Erzählt von Ebru Pek
Aufgeschrieben von Karen Duden

EINLEITUNG

Der Brief 9
Liebe Klasse 7i 10

GEDICHTE

Die Kuh 12
Der Zwerg 13
Das Schwein 14
Durcheinander 15
Das Feuer 15

GESCHICHTEN

Der Wal reist 17
Der Wal zurück in Afrika 19
Das einsame Kaninchen 21
Der liebe Hund 22
Kapitän der Meere 23
Der Zaubervogel 25
Der Wunderbaum 27
Der Wunsch eines Mädchen 29
Der Broccoli 30
Die rote Paprika 32
Der Schneemannjunge 35
Die ABC – Band 37
Das besondere Tier 38
Der Fuchs namens Muckschen 39
Der besondere Apfel 41
Das Abenteuer des Kükens 43
Die andere Welt 45
Die Kraft 47
Der Stein 49

DIE LÄNGSTE GESCHICHTE

Der Körper 52

TRÄUME

Das versteckte Loch 58
In der Sporthalle 59
Der Traum einer Schwester 59
Mein Vogeltraum 60
Die drei Kinder 60

MENSCHEN, DIE FÜR MICH IM KRANKENHAUS WICHTIG UND BESONDERS SIND

Die Stationsschwester 63
Der Stationsarzt 65
Die einzige Schwester 66
Der Oberarztchirurg 66
Prof. Huppertz und der Oberarzt Dr. W. 67
Die Erzieherin 69
Alle Schwestern 70
Berfin, die kleine Schwester 71
Die Putzfrau – Freundin 72

WITZIGE GESCHICHTEN AUS DEM KRANKENHAUS

Das goldene Lenkrad 74
Die Schwester mit der Taschenlampe 75
Die Toilette 75
Die Füße 76
Das komische Lied 77
Die Karen, die immer „Yes“ sagt 77
Beim Ohrenarzt 77
Die Wimpern 78
Der Monsterkittel 79
Der komische Name 80
Die Frau 80
Die Nacht 80
Die Putzfrau 81
Die Putzkontrolle 82
Kartoffel und Wurst 82
Komische Geräusche 83
Mittagessen 83
Der Durcheinander – Tag 84
Die gute Nacht 84
Ich und mein Bett 85
Die Ohren 86
Die Visite 86
Der Schokoladenweihnachtsmann 87
Das neue Sprichwort 87
Das Falschgehörte 88
Der blöde Tag 88
Das versteckte Tier 90
Der Naturjoghurt 91
Die Rolle Toilettenpapier 91
Die Luxus – Patientin 92
Die mysteriösen Flecken 92
Die wichtige Operation 93
Ich habe einen Engel in mir 94

MENSCHEN, DIE IMMER FÜR MICH DA SIND

Meine liebe Familie 98

Meine Mama und unser Lied 99

Meine Lieblingstanten 101

Die Hospizfrau 103

WITZIGE GESCHICHTEN VON ZU HAUSE

Die Maus 105

Die Fliegen 105

Gemüsegarten 106

Die Grillparty 106

Die neue Sprache 107

Die Klasse 108

SCHLUSSWORT

Was ich noch sagen wollte 110

ANHANG

Ebru's „Gib nie auf – Buch" 112

EINLEITUNG

DER BRIEF

Ich heiße Ebru Pek, ich bin eine Deutsche und eine Türkin, bin 14 Jahre alt und lebe in Bremen.
Ihr fragt euch vielleicht, warum ich dieses Buch überhaupt geschrieben habe. Angefangen hat es mit einem Brief an meine Schulklasse, die ich ab dem Sommer 2006 nicht mehr besuchen konnte.
Danach sagte mir die Erzieherin Karen aus dem Spielraum im Krankenhaus, die den Brief für mich geschrieben hatte, dass ich doch mal ein Buch schreiben sollte, weil ich den Brief so schön formuliert hatte.
Und als wir mit dem Buch angefangen haben, sind mir immer mehr Geschichten eingefallen. Mein Leben war bisher voll von unterschiedlichen Erlebnissen. Einige waren sehr schön, andere nicht. Z.B. war ich schon oft im Krankenhaus. Von dort habe ich nur die witzigen Erlebnisse aufgeschrieben. Die traurigen Erlebnisse waren für mich so traurig, dass ich sie nicht erzählen konnte.
Aber alles, was ich in dieses Buch geschrieben habe, habe ich selber erlebt, und die Geschichten und Gedichte habe ich mir selber ausgedacht.
Mich hat dieses Buch fast ein Jahr lang begleitet und es hat mir sehr geholfen eine schwierige Zeit zu überstehen. Ich würde mir wünschen, dass es auch euch eine Hilfe ist, dass es euch gefällt und ihr oft lachen werdet.
Ich danke dem Verein „Wünsch Dir was“, der es möglich gemacht hat, dass mein Wunsch, dass das Buch gedruckt wird, in Erfüllung gegangen ist. Und Reuben Kreinhop, der dafür gesorgt hat, dass meine Bilder mit in das Buch konnten.

Eure Ebru

LIEBE KLASSE 7i !

Es war schön mit Euch in einer Klasse zu sein, obwohl mich ein paar von Euch nicht gemocht haben und mich auch mal geärgert haben, kam ich gerne zur Schule.
Leider habe ich eine Krankheit erwischt, die es mir nicht möglich macht, weiter zu Euch in die Klasse zu kommen.
Ich bin sehr traurig, dass ich nicht mehr zu Euch in die Klasse kommen kann.
Ich hätte noch gerne viel mit Euch erlebt.
Vielleicht wundert Ihr Euch, dass ich den Brief nicht selber schreibe. Das geht im Moment nicht.
Ich hoffe dass Ihr alle in die achte Klasse kommt und weiter gut lernt, denn ich werde vielleicht weiterlernen, aber das weiß ich noch nicht genau.
Freut Euch, dass Ihr gesund seid und alles machen könnt! Manche von Euch konnten mich nicht verstehen. Das hat mich traurig gemacht, obwohl ich weiß, dass es für gesunde Kinder schwer zu verstehen ist.
Ich war aber sehr froh, eine Klasse wie Euch zu haben.
Dieser Brief ist ein Abschiedsbrief, weil ich nicht mehr wiederkomme.
Ich hoffe, Ihr werdet nicht zu traurig sein über diesen Brief.
Nun ist Abschied zu nehmen von Euch, denn ich werde andere Wege gehen.
Ihr werdet bestimmt das eine oder andere Mal in der Schule verbringen und ich weiß noch nicht was ich mache.
Ich werde Euch sehr vermissen (vor allem Meltem) und an Euch viel denken, und ich werde Euch nie vergessen!

Eure Mitschülerin Ebru

GEDICHTE

DIE KUH

Ich sah eine Kuh,
und die sah mir zu.
So guckten wir uns an,
da kam ein großer Mann.
Der hatte einen Schuh,
den nahm sich jetzt die Kuh.
Sie wollte damit tanzen,
aber fiel über den Ranzen.
Der Ranzen, das war meiner,
doch nun war er viel kleiner.
Jedoch die dicke, fette Kuh,
die tanzte auf dem Schuh.

DER ZWERG

Ich ging in den Berg,
da sah ich einen Zwerg.
Der Zwerg der war lieb,
doch er war ein Dieb.
Diebe woll'n wir nicht,
doch jetzt hab'ich ein Gedicht.

DAS SCHWEIN

Ich war klein
und saß auf einem Schwein.
Das Schwein war fett
aber es war nett.

Das Schwein war lieb
aber es fiel über ein Sieb.
Das Sieb war ihm zu schmal
da ging es in 'nen Saal.

In dem Saal war ein Lamm
und dahinter seine Mam.
Das Schwein lief auf sie zu
das Lamm wollt' seine Ruh.

Das Schwein stieß an die Wände
da war die Geschichte zu Ende.

DURCHEINANDER

Ich trinke jetzt Tee,
da kam eine kleine Fee.
Sie gab mir einen Kuss,
da kam ein großer Bus.
Da war eine kleine Nuss,
die ging in einen Fluss,
jetzt ist aber Schluss!

DAS FEUER

Ich gehe mit meinem Herzen,
draußen brennen viele Kerzen.
Ich stehe im nassen Gras
und habe ‘ne Menge Spaß.
Die Kerzen brennen noch immer
und machen einen schönen Schimmer.
Und eines Tages bin ich,
ein kleines hübsches Gesicht.

GESCHICHTEN

DER WAL REIST

Es war einmal ein Wal, der hieß Willi. Er mochte gerne Reisen. Der Wal reiste durch das Meer und traf einen Delphin und der hieß Max.
Er sagte: „Hallo Delphin, wie heißt du denn?“ Der Delphin sagte: „Ich heiße Max und bin ganz alleine und weiß nicht, was ich machen soll.“ Der Wal sagte: „Komm doch mit mir mit. Ich schwimme nach Afrika.“ Der Delphin antwortete: „Ja, gerne komme ich mit.“
Beide reisten durch das Meer und auf einmal sahen sie Menschen in einem Boot mit einem großen Fischernetz. Der Wal hat sich im Netz verfangen, sich verletzt und kam nicht mehr frei. Max hat ihn befreit und zum Strand gebracht.
Und da kam ein Mädchen und guckte die beiden an. Sie hatte ein bisschen Angst vor dem großen Wal, aber sie überlegte, ob sie den beiden vielleicht helfen könnte. Langsam näherte sie sich Willi und Max. Der Wal sagte: „Mädchen hilf mir.“ Das Mädchen, Lolita antwortete: „Wenn ich dir helfe, wirst du mir dann auch nichts tun?“. Willi sagte: „Natürlich werde ich dir nichts tun.“
Lolita sagte: „Ok, Ich helfe dir, warte hier ich hole Hilfe.“
Lolita holte ihre Eltern und die brachten den Tierarzt mit. Der Tierarzt konnte dem Wal helfen und hat seine Wunde versorgt. Willi war Lolita sehr dankbar, und alle gemeinsam haben sie Willi zurück ins Meer gebracht.
„Lolita, du hast mir sehr geholfen, du hast einen Wunsch frei“, sprach Willi.
„Ich möchte gerne nach Afrika, aber meine Eltern haben nicht soviel Geld, um dort hin zu reisen“, sagte Lolita traurig.

„Mein Freund Max und ich sind gerade auf dem Weg nach Afrika, du kannst ja auf meinen Rücken steigen, dann nehmen wir dich mit."
Dann reisten sie zusammen nach Afrika.
Seid ihr neugierig, was die drei in Afrika erlebt haben? Dann werde ich es euch erzählen.
Willi, Max und Lolita wollten den Leuten in Afrika helfen. Lolita ging zu den Leuten in ihre Dörfer und sah, wie arm sie waren.
Lolita sagte: „Kommt alle her. Meine Freunde, der Wal und der Delphin, werden euch helfen und werden euch viel Essen und andere Sachen bringen."
Die Leute waren sehr glücklich und dankbar für die Hilfe und kamen zum Strand.
Willi hatte nämlich ein Geheimnis, welches er weder Max noch Lolita gesagt hatte. Er war ein Zauberwal.
Da sagte Lolita: „Das ist ja gut, dann habe ich einen Wunsch. Ich möchte gerne, dass die Leute in den Dörfern viel Essen und Anziehsachen und alles was sie brauchen bekommen".
Willi sagte: „Dein Wunsch ist mir Befehl." Willi sprach einen Zauberspruch und die Sachen waren alle am Strand.
Die Leute waren sehr dankbar und verteilten die Geschenke gerecht untereinander.
Dann sind Lolita, Max und Willi wieder nach Hause gereist und haben noch oft an Afrika gedacht und werden dort bestimmt noch mal hinreisen.
Aber das ist eine andere Geschichte.

DER WAL ZURÜCK IN AFRIKA

In Afrika dachten die Leute, dass sie Willi, Max und Lolita noch mal einladen könnten. Sie hatten ihnen so viel geholfen, dass sie sich bei ihnen bedanken wollten. Da rief einer von ihnen Lolita zu Hause an: „Hallo Lolita, wir rufen aus Afrika an. Wir wollen dich und deine Freunde zum Lagerfeuer einladen." Lolita ging raus und rief Willi und Max. „Kommt her Freunde, ich habe eine Überraschung für euch." Willi und Max waren aufgeregt und fragten: „Was ist denn die Überraschung?" „Mich hat jemand angerufen, ratet mal wer?" Willi und Max überlegten und überlegten, aber sie kamen nicht drauf. Lolita sagte: „Ach, seit ihr so dumm, dass es euch nicht einfällt? Mich hat jemand aus Afrika angerufen und gesagt, dass sie uns einladen. Ist das nicht schön?" Willi und Max sagten: „Warum sind wir da nicht drauf gekommen, das ist ja toll!" Dann schwammen sie zusammen nach Afrika. Als sie dort ankamen, haben die Leute sie begrüßt und wollten sie zum Lagerfeuer mitnehmen. Lolita sagte: „Wie sollen wir denn Willi und Max mitnehmen? Die müssen doch im Wasser bleiben." „Du hast recht, wie sollen wir mitkommen?" sagte Willi. Da fiel Lolita etwas ein. Sie sagte: „Ach, Willi, denk mal nach. Wie kannst du zu uns kommen?" Willi dachte nach und sagte: „Ach ja, stimmt ja. Ich bin ja ein Zauberwal und kann zaubern." Lolita nickte und sagte: „Dann kannst du ja Max und dich als Menschen zaubern." Das machte Willi auch. Er sagte einen

Zauberspruch und sie waren Menschen. Aber Willi sagte: „Der Zauber hält nur zwei Stunden, dann bin ich wieder ein Wal und Max ein Delphin."
Die Afrikaner sagten: „Ach, das ist nicht so schlimm. Dann machen wir nur zwei Stunden das Lagerfeuer."

Sie zündeten das Lagerfeuer an und haben dabei getanzt und gesungen und sich bei Willi, Max und Lolita bedankt. Seit die drei da waren, sind sie alle sehr glücklich.
Auf einmal kam ein Pfeil geflogen, und eine afrikanische Frau sagte: „Wir haben noch ein kleines Problem, was ihr nicht wegmachen könnt. Wir haben zwar alles, aber leider gibt es hier auch Krieg. Andere Stämme sind neidisch, dass wir so viele Sachen haben. Und jetzt kommen sie. Immer wenn ein Pfeil da ist, bedeutet es Angriff. Guck, da sind sie schon." Willi ging sehr schnell dorthin, um den Krieg zu verhindern. Er sagte: „Stopp, macht keinen Krieg. Ich helfe euch auch, denn eigentlich bin ich ein Zauberwal." Die Angreifer fragten, ob Willi den Leuten geholfen hätte. Willi antwortete: „Ja, ich habe es gemacht, aber ich wusste nicht, dass ihr auch so arm seid. Was wollt ihr denn?"
Sie sagten: „Wir sind so arm, dass wir nicht mal Brot zum Knabbern haben. Bei uns gibt es deswegen viele Krankheiten. Wir waren neidisch auf die anderen. Eigentlich wollten wir keinen Krieg. Sie haben uns zwar etwas abgegeben, aber es hat nicht gereicht. Unser Hunger hat uns in den Krieg geführt. Sie haben von dir erzählt, aber wir haben ihnen nicht geglaubt". Willi sagte: „Aber jetzt glaubt ihr ihnen, mich gibt es wirklich. Ich werde euch allen helfen und eure Krankheiten heilen." Er sprach einen Zauberspruch, und alles war wieder schön, und zusammen feierten sie dann das Lagerfeuerfest, ohne Hunger und ohne Krankheiten und waren die glücklichsten Menschen, die man sich wünschen kann.
Und dann war es so weit, dass Willi und sein Freund ins Wasser zurück mussten.

Willi sagte: „Ich komme mit Max und Lolita zwischendurch vorbei und schaue wie es euch geht. Wenn ihr Probleme habt, werde ich euch immer helfen. Ich bin immer für euch da".
Das ist das Ende der Geschichte.
Wenn die Leute noch heute leben, dann leben sie auch noch in 1000 Jahren.

DAS EINSAME KANINCHEN

Es war einmal ein einsames Kaninchen, das hieß Mimi. Mimi war ein sehr elegantes Kaninchen, ganz braun mit weißen Flecken. Aber es war oft allein, obwohl es vieles machen konnte.

Es hatte im Wald ein kleines Häuschen und war dort oft allein.

Eines Tages sagte es: „Ich suche mir einen Freund." Aber es wusste nicht, wie es das machen sollte. Es dachte lange nach, dann fiel ihm was ein. Es ging durch den Wald und plötzlich sah es ein Häuschen. Es war viel größer als sein eigenes Häuschen. Es hoppelte hinein und sah ein Eichhörnchen, das ganz doll weinte. Mimi sagte: „Hallo Eichhörnchen, warum weinst du denn?" „Ich weine, weil ich ganz alleine bin und keiner mich mag". Mimi fragte: „Warum mag dich denn keiner?" „Weil ich immer an den Bäumen soviel hopse." Mimi sagte: „Ich bin auch ganz allein, ich habe auch niemanden, wenn du willst können wir Freunde werden". Das Eichhörnchen freute sich sehr und antwortete: „Das wäre sehr schön." Mimi fragte: „Wie heißt du denn?" „Ich heiße Lanni." Und dann waren die beiden sehr glücklich und nie mehr alleine.

DER LIEBE HUND

Wisst ihr überhaupt, dass Hunde über große Zäune springen können? Wenn ihr es nicht wisst, erzähle ich euch das.
Ich habe mal einen Hund gesehen, der sehr, sehr groß war, so groß wie ein Schuh, nein so groß wie eine Kuh.
Ich ging durch den Wald, da sah ich Stangen und da hopselte er rum und kam zu mir. Ich durfte auf ihm reiten und auf einmal flogen wir durch den Himmel. Wir flogen und flogen bis über die Wolken und sahen auch die Sonne. Das war sehr heiß.
Wir sind ganz nach oben geflogen, bis wir das Haus vom Weihnachtsmann sahen. Der Weihnachtsmann gab uns ganz viele Geschenke, und wir flogen mit ihnen wieder nach unten. Ich konnte aber nicht nach Hause gehen, weil die Zäune so groß waren. Und auf einmal hat der Hund richtig große Sprünge gemacht. Da habe ich mich sehr erschrocken.
Deshalb erzähle ich euch, dass ich einen Hund gesehen habe, der wirklich große Sprünge machen konnte. Wenn ihr es nicht glaubt, dann schaut es euch selber an. Ich habe es gesehen.
Plötzlich klingelte der Wecker und ich musste aufstehen und zur Schule gehen. Schade, dass es ein Traum war, ich wünschte es wäre Wirklichkeit gewesen.
Naja, dann ist es mal so.

KAPITÄN DER MEERE

Es war einmal ein Kapitän der hieß Norwert, der gerne durch das ganze Meer reiste. Er hatte ein altes Boot. Er segelte und plötzlich sah er einen Stein, auf dem ein Mann stand, der um Hilfe rief. Der Kapitän segelte direkt dort hin und half dem Mann auf sein Boot. Er fragte ihn, wie er heißen würde und warum er auf dem Stein stand. Er antwortete: „Ich war auch ein Kapitän, aber mein Boot ist durch das Gewitter und den Sturm untergegangen und ich konnte mich nur noch auf den Stein retten. Schon seit zwei Tagen habe ich um Hilfe gerufen, aber es kam niemand, da war ich sehr froh, dass ich dich gesehen habe". Der Kapitän Norwert freute sich auch sehr, dass er ihn gefunden hatte, da er sich schon immer einen Freund gewünscht hatte. Nemo, so hieß der Mann, sagte: „Ich werde gerne dein Freund sein, dann können wir immer gemeinsam durch die Meere reisen."

Ab dann reisten sie gemeinsam Tag und Nacht. Plötzlich kam ein richtiger Sturm mit großen Wellen. Der Kapitän Norwert und Nemo kämpften sich durch den Sturm, aber leider konnten sie den Sturm nicht besiegen, weil die Wellen so groß waren und das alte Boot kaputt gemacht haben und es gesunken ist. Mit Kapitän Norwert und Nemo. Aber zum Glück kamen zwei Pinguine und retteten Kapitän Norwert und Nemo ,bevor sie ganz mit dem Boot untergegangen sind und haben sie dann zu einem Stück Holz vom Boot, welches nicht gesunken war, gebracht. Kapitän Norwert und Nemo bedankten sich sehr bei den Pinguinen, dass sie ihnen das Leben gerettet hatten. Nemo sagte: „So, Kapitän Norwert, jetzt haben wir beide kein Boot mehr, was sollen wir jetzt machen?“ Die Pinguine antworteten: „Da haben wir eine Idee. Wir beide sind eigentlich beim Nordpol, aber wir wollten mal ein bisschen durchs Meer reisen und Urlaub machen. Da haben wir einen Eisberg gesehen. Und daneben stand ein ganz neues, wunderschönes Boot, welches niemandem gehörte. Und das Interessante an dem Boot war, dass es auch fliegen konnte. Aber wir brauchen so ein tolles Boot nicht, aber wie ist es mit Euch?“ Kapitän Norwert und Nemo waren begeistert und fragten, ob die Pinguine sie zum Boot bringen könnten. „Wir bringen euch natürlich gerne dorthin.“

Sie brauchten eine halbe Stunde, dann standen sie vor dem Boot. Kapitän Norwert und Nemo waren so überrascht, dass sie den Pinguinen auch was Gutes tun wollten. Sie fragten die beiden: „Was können wir Gutes für euch tun?“ „Ach bringt uns nur nach Hause“ sagten die Pinguine. „Und wenn ihr einmal Hilfe braucht, dann klatscht in eure Hände, dann kommen wir und helfen euch.“

Kapitän Norwert und Nemo brachten die Pinguine nach Hause und Nemo sagte zu Kapitän Norwert: „Kapitän weißt du was, wir haben ja nun eigentlich kein Haus. Da hab ich mir mal überlegt, da unser Boot ja auch fliegen kann, können wir uns auf den Wolken ja ein Haus bauen. Und wenn wir segeln wollen, gehen wir auf das Meer“. Kapitän Norwert antwortete: „Das ist eine gute Idee, das machen wir.“

Sie bauten drei Monate an diesem Wolkenhaus und bauten einen Schuppen, eine Garage und einen Angelplatz dazu.

Nemo sagte zu Kapitän Norwert: „Ich wasche mal unser Boot“. Und als er das machte, sah er ein Loch im Boot und da drin war ein Zauberstab. Er war sehr überrascht und freute sich. Ganz schnell ging er zu Kapitän Norwert und rief: „Kapitän Norwert, Kapitän Norwert, schau was ich gefunden habe!“ „Das ist ja toll, da können wir auch noch zaubern“ sagte Kapitän Norwert.

Und so lebten sie in ihrem Wolkenhaus mit ihrem Flugsegelboot und ihrem Zauberstab.

DER ZAUBERVOGEL

Es gab einmal ein Haus. Da lebte ein Mädchen mit seiner Mutter. Das Mädchen hieß Ilknur. Sie sagte zu ihrer Mutter: „Ich gehe in den Wald spazieren." Sie ging in den Wald und spazierte da einfach so. Plötzlich wurde es Abend. Sie wusste nicht mehr, wo sie war und hatte sich verlaufen. Da bekam sie Angst. Plötzlich flog eine Vogeldame zu ihr. Sie konnte sprechen. Ilknur war überrascht, weil sie dachte, dass Vögel eigentlich nicht reden könnten. Die Vogeldame sagte: „Eigentlich bin ich kein Vogel. Ich bin ein Mädchen so wie du. Ich wurde nur von meinem Freund verzaubert." Ilknur fragte, warum sie verzaubert wurde. Die Vogeldame antwortete: „Ich wollte mit meinem Freund Schluss machen, aber er wollte es nicht ernst nehmen und ich wusste nicht, dass er ein Zauberer war. Jetzt suche ich ihn. Kannst du mir dabei helfen? Ich nehme dich mit auf meinem Rücken. Und warum bist du hier?" „Ich habe mich verlaufen und weiß den Weg nicht mehr nach Hause. Aber ich werde dir nun erst helfen und dann kannst du mich ja vielleicht nach Hause bringen?"

Die Vogeldame sagte: „Komm, lass uns jetzt losfliegen." Ilknur fragte: „Weißt du denn, wohin wir fliegen wollen?" „ Ich weiß es nicht so genau, aber ich

hab mal gehört, dass er in einer Wolke lebt, sie sieht bunt aus. Er hat mir auch mal gesagt, das man den Zauber mit einem Trick lösen kann, aber den weiß ich nicht mehr.“ Dann flogen sie los. Ilknur sah schon von weitem eine bunte Wolke. Aber der Zauberer war nicht da. Da gingen sie in die Wolke und suchten nach einem Zauberspruch. Dabei fanden sie ein Buch, in dem ganz viele Zaubersprüche standen. Ilknur fand gleich die Seite mit dem richtigen Spruch, um die Vogeldame vom Zauber zu befreien. Und kaum hatte sie ihn aufgesagt, wurde aus der Vogeldame wieder ein Mädchen.
Aber wie sollten sie nun wieder von der Wolke herunter kommen?
Plötzlich kam eine Fee zu ihnen und sagte: „Ich habe in meiner Kristallkugel gesehen, dass ihr Hilfe braucht. Ich werde euch jetzt nach Hause zaubern.“
Plötzlich fiel Ilknur von ihrem Bett runter und wachte auf. „Oh nein, das war ja nur ein Traum!“ Sie war sehr traurig, dass es nicht wirklich passiert war. Da rief auch schon ihre Mutter zum Frühstück. Ilknur erzählte ihr ihre Traumgeschichte.

DER WUNDERBAUM

Es war einmal ein Mädchen, sie hieß Mercan und wohnte in einem Haus im Wald. Sie war sehr krank und wusste nicht mehr, was sie machen sollte. Eines Tages kam ein Zeitungsbote und brachte ihr die Zeitung. Sie nahm die Zeitung mit rein. In einer Ecke stand, dass es einen Wunderbaum gibt, der Wünsche erfüllt und vieles machen kann. Aber leider hatte bisher keiner den Baum gefunden. Man glaubte, der Baum sei am Südpol. Mercan packte ihren Koffer und machte sich auf den Weg. Sie wusste erst nicht, wo sie lang gehen sollte. Wählte dann den Weg hinterm Wald am Meer entlang. Sie ging auch ein bisschen ins Meer rein und trat aus Versehen auf ein Seepferdchen. Dieses schrie: „Aua, mach deinen Fuß weg." „Oh, entschuldige Seepferdchen, es tut mir leid, dass ich dich getreten habe, ich wollte dich bestimmt nicht treten." Das Seepferdchen fragte Mercan: „Wo willst du eigentlich hin?" Da sagte Mercan: „Ich habe von einem Wunderbaum gehört, weiß aber nicht, wie ich dort hinkommen soll." „Ich glaube ich kenne den Weg zum Wunderbaum, aber er ist sehr lang, kannst du es bis dorthin aushalten? Alleine kann ich dich nicht dorthin bringen, aber meine Freunde werden mithelfen", sagte das Seepferdchen. „Ich werde einen von ihnen holen, damit er dich mitnimmt. Es ist ein Seehund." Und schon kam der Seehund angeschwommen und nahm Mercan mit. Sie schwammen durch das Meer bis zum Südpol. Als sie ankamen, machte das Seepferdchen ein Geräusch, damit sein Freund, der Hirsch, kam und Mercan weiter mitnehmen konnte. Mercan bedankte sich bei allen und

reiste mit dem Hirsch weiter. Der Hirsch sagte: „Wir fliegen, weil es bei uns sehr kalt ist." Mercan sagte: „Ich habe Hunger." Der Hirsch antwortete: „Schau, da unten sind schon die Iglus, komm wir fliegen runter und essen Fisch."
Die Menschen, die dort wohnten, angelten gerade Fisch. Mercan fragte: „Dürfen wir mit euch essen, wir kommen von einem weiten Weg?"
Die Eskimos sagten: „Natürlich, gerne. Wo wollt ihr denn hinreisen, wenn wir fragen dürfen?" „Wir sind auf dem Weg zum Wunderbaum" sagte Mercan. Die Eskimos sagten: „Wir kennen den Wunderbaum. Unsere Tochter war einmal ganz doll krank und wir haben sie dort hingebracht. Und plötzlich streichelte der Baum sie und zauberte uns gesund wieder nach Hause. Meine Tochter ist jetzt ganz gesund und glücklich." Mercan fragte: „Weißt Du genau wo der Wunderbaum steht?" „Ja, es ist am Ende vom Südpol."
Sie haben dann beide aufgegessen, bedankten sich dafür und bekamen, bevor sie weiterflogen, noch Reiseproviant für den Weiterflug.
Plötzlich kam ein Gewitter und sie kämpften sich beide hindurch. In der Ferne sahen sie schon den Wunderbaum. Als sie dort ankamen, sagte Mercan zum Wunderbaum: „Mir geht es von der langen Reise und meiner Krankheit ganz schlecht, bitte hilf mir."

Der Wunderbaum antwortete: „Ich werde dir helfen. Ich streichele dich und zaubere dich nach Hause, natürlich deinen Freund auch. Aber bitte vergiss mich nie. Wenn du ein Problem hast, komme immer zu mir. Ich werde dir einen Zauberspruch sagen, damit du dann schnell hier bist:

„Wunderbaum, Wunderbaum, ich komme."

Da war Mercan plötzlich zu Hause und wachte auf. Und alles war ganz schön und sie war glücklich. Jetzt musste sie nicht mehr leiden.

DER WUNSCH EINES MÄDCHENS

Ich erzähle euch eine Geschichte von einem Mädchen.
Sie heißt Esra, aber eigentlich heißt sie nicht so. Sie hat einen anderen Namen, den werde ich euch aber nicht sagen, sonst wisst ihr, wer sie ist. Dieses ist nämlich eine Rätselgeschichte. Ihr könnt raten wer Esra ist. Wenn ihr mich seht, werde ich euch aber nur vielleicht die Lösung sagen. Aber vielleicht kriegt Ihr es auch selber raus. So, jetzt fängt der Wunsch des Mädchens an.
Esra war sehr krank und konnte leider auch nicht sehen. Sie konnte nur Licht erkennen.
Eines Tages ging sie abends ins Bett und schlief ein. Am Kopfende des Bettes war das Fenster. Plötzlich kam von dem Fenster eine Treppe herunter. Da war auch Licht dabei. Das war der liebe Gott. Er sagte: „Esra, steh' auf und folge dem Licht." Esra sagte: „Ich komme, aber wer bist Du denn?" „Ich bin der liebe Gott. Ich werde dich gesund machen und deine Sehkraft zurückholen. Du bist ein tapferes Mädchen und hast viel mitgemacht. Dein Leben wird neu beginnen." Esra freute sich sehr und bedankte sich beim lieben Gott.
Als sie am nächsten Tag aufwachte, konnte sie plötzlich wieder sehen und fühlte sich wie neugeboren, aber sie wusste nichts mehr von der Treppe, dem Licht und dem lieben Gott.
Sie schrie so laut sie konnte, weil sie wieder sehen konnte und gesund war. Da kam ihre Mutter und fragte: „Was ist passiert?" Esra sagte: „Ich kann wieder sehen und bin gesund. Ich weiß aber nicht mehr, wie es passiert ist. Ich hatte nur so einen merkwürdigen Traum, aber selbst den weiß ich nicht mehr. Aber das ist auch egal, ich bin froh, dass ich wieder sehen kann, das reicht mir."
Vor Freude tanzte Esra mit ihrer Mutter, und sie waren beide sehr sehr glücklich.

DER BROCCOLI

Im Einkaufsladen war ein Mann, der wollte gerne Broccoli, eine Birne und einen Apfel kaufen und guckte in der Obst – und Gemüseabteilung nach. Da sah der Broccoli den Mann und sagte zum Apfel und zur Birne: „Ich glaube, der Mann will uns kaufen." Der Apfel und die Birne antworteten: „Da werden wir ja sterben, wir wollten doch noch leben." Kein anderes Obst und Gemüse konnte sie verstehen, weil es nicht sprechen konnten.
Da kam der Mann schon und legte die Birne und den Apfel in seinen Einkaufswagen. Der Broccoli sah, dass der Mann seinen Wagen stehen ließ, um aus einem anderen Regal etwas zu holen. Da sagte er: „Jetzt ist ein günstiger Augenblick, um die Birne und den Apfel zu retten." Er sprang in den Einkaufswagen, und alle zusammen sprangen sie wieder aus dem Einkaufswagen auf den Boden.
Sie rannten direkt zur Eingangstür, aber der Mann sah das und lief schnell hinterher. Der Broccoli sagte: „Lauft schnell, der Mann kommt." Sie rannten und rannten. Sie waren schon draußen und, Gott sei Dank, ist die Tür hinter ihnen zugegangen und der Mann war drinnen. Er sagte: „Das war kein gutes Gemüse und Obst", und kaufte sich etwas anderes.
Der Broccoli sagte zum Apfel und zur Birne: „Wisst ihr was, Freunde, ich verstehe nicht, warum der Mann uns verfolgt hat." Der Apfel sagte: „Ach Broccoli, vergiss das, der Mann mochte kein sprechendes Obst und Gemüse. Sag lieber, was wir jetzt machen sollen." Als der Apfel das gesagt hatte, kam schon eine Frau und hob ihn auf. Sie hatte nicht bemerkt, dass die Drei reden konnten.
Die Birne sagte: „Jetzt sind wir schon wieder in Gefahr."
Die Frau nahm die Drei mit nach Hause, legte sie auf ihren Tisch und begann ganz doll zu weinen. Da wunderte sich der Broccoli und hörte, wie die Frau zu sich selber sagte: „Vor fünf Jahren hatte ich drei Kinder. Ich ging mit ihnen einkaufen und plötzlich waren sie verschwunden. Ich suchte und suchte, aber sie waren nicht zu sehen. Immer wenn ich an sie denke, muss ich weinen. Jetzt wurde ich wohl durch die drei erinnert." Der Broccoli flüsterte zum Apfel und zur Birne: „Können wir nicht vielleicht die drei Kinder sein?" „Aber die Frau hört uns doch gar nicht", sagte der Apfel.
Plötzlich sagte die Frau: „Ich werde euch nicht essen, weil ihr mich an meine Kinder erinnert." Da rollten auf einmal der Broccoli, der Apfel und die Birne vom Tisch, und vor der Frau standen ihre drei verschwundenen Kinder. Sie sagte: „Oh, meine Kinder, ich habe euch so gesucht. Wo wart ihr nur?" Die Kinder sagten: „Wir wurden zu Obst und Gemüse verzaubert. Das war der Mann, der uns heute eigentlich kaufen wollte, aber wir sind ihm entkommen. Jetzt ist uns auch klar, warum er uns verfolgt hat. Wir glauben, der Zauber-

spruch war, dass du gesagt hast, dass du uns nicht essen willst, als wir im Einkaufsladen waren, kauften uns immer alle, um uns zu essen.“
Die Mutter sagte: „Gott sei Dank seid ihr zurück und ich brauche nicht mehr zu weinen.“ Sie lebten glücklich miteinander und die Mutter brauchte nicht mehr zu weinen.,denn sie war fünf Jahre lang ganz einsam und musste immer weinen.
Jetzt brauchte sie das nicht mehr, denn sie war sehr glücklich.

DIE ROTE PAPRIKA

Es war einmal ein schönes Paprikabeet. An einer Stelle war schon eine rote Paprika gewachsen. Die zwei Paprika daneben waren noch nicht gewachsen, aber das konnte die rote Paprika nicht wissen, weil sie schon geerntet worden war.

Als die Paprika im Erntewagen war, überlegte sie, wo ihre gelbe und grüne Schwestern sein könnten, aber sie konnte sie nicht sehen. Und plötzlich war in dem Wagen ein Loch und sie fiel runter. Aber das war ihr Glück, sonst wäre sie von den Menschen gegessen worden.

Sie sah einen Baumstamm, setzte sich hin und weinte. Da kam eine Mangoldfee von oben herunter und sagte: „Liebe rote Paprika, was hast du für Sorgen?" Die Paprika antwortete: „Ich war mal in einem Paprikabeet. Eigentlich wachsen immer drei Paprika nebeneinander, aber ich war leider alleine und suche jetzt meine Schwestern." Die Fee sagte: „Wenn du mir drei Sachen holst, sage ich dir, wo deine Schwestern sind. Du musst mir einen Fisch, einen Pfennig und fünf Maiskörner holen. Den Pfennig findest du in einem Stall, aber mehr Tipps kann ich dir nicht geben. Wenn du alle drei Sachen hast, treffen wir uns wieder hier an dem Baumstamm. Ich wünsche dir viel Glück."

Die Paprika machte sich auf den Weg, um die Sachen zu suchen. Sie musste an einer Straße vorbei gehen. Aber sie hatte große Angst, dass ein Auto sie überfahren könnte. Aber die Mangoldfee beschützte sie immer, was die Paprika aber nicht wußte. Nach der Straße sah sie ein Meer und eine Tomate, die angelte. Sie fragte sie, ob sie ihr vielleicht einen Fisch angeln könnte. Die Tomate sagte: „Ja, gerne" und gab ihr den gerade geangelten Fisch. Die rote Paprika bedankte sich und ging weiter. Dann kam sie an einem Stall vorbei. Da suchte sie im Stroh nach einem Pfennig. Da stand plötzlich eine dicke Kuh neben ihr. Sie sagte: „Liebe rote Paprika, was suchst du hier im Stroh?" Die Paprika antwortete: „Ich suche einen Pfennig." Da sagte die Kuh: „Als ich das Stroh gefressen habe, hatte ich einen Pfennig im Maul. Ich habe ihn in eine Ecke gelegt, ich dachte vielleicht braucht ihn noch jemand. Wenn du derjenige bist, kannst du ihn gerne haben." Die rote Paprika freute sich: „Ja, gerne, ich brauche ihn sehr, danke liebe Kuh." Dann ging die rote Paprika weiter. Aber dieses mal kam sie in Schwierigkeiten, denn sie wusste nicht, wo sie die Maiskörner suchen sollte. Da hörte sie, dass zwei Bananen über Maiskörner in Afrika sprachen. Sie wollte sich auf den Weg nach Afrika machen, aber sie wusste nicht, wie sie dort hinkommen sollte. Da fiel ihr was ein. Sie drehte ihren Stengel ganz herum und flog nach Afrika. Als sie angekommen war, stand sie auf einem Maisfeld. Schnell pflückte sie Maiskörner. Vor ihr war ein Maiskörnererntewagen, und sie musste sich sehr beeilen, um nicht überfahren zu werden. Der Wagen kam näher und näher und plötzlich war er ganz nah dran. Aber die rote Paprika machte einen Schritt nach vorne und war gerettet. Jetzt ging sie zurück zum Baumstamm, weil sie alles bekommen hatte. Sie drehte wieder ihren Stengel und flog zurück. Als sie ankam, rief sie nach der Mangoldfee. Sie kam runter und fragte: „Liebe rote Paprika, hast du die drei Sachen?“ „Ja, aber wofür brauchst du die drei Sachen?“ „Das wirst du gleich sehen. Es tut mir leid, dass du mir die Sachen holen musstest. Bis jetzt wollte niemand von mir Hilfe haben, ich habe lange auf dich gewartet. Eigentlich weißt du, wo deine Geschwister sind. Sie sind auf dem Paprikabeet, wo du auch warst. Sie sind nur noch nicht gewachsen. Deshalb warst du auch alleine im Erntewagen.“ Die Mangoldfee nahm den Fisch, klebte den Pfennig über seinen Kopf und tat die fünf Maiskörner in sein Maul. Dann küsste sie ihn einmal auf seinen Mund, und was kam heraus? Ein wunderschöner Mangoldprinz. „Genau deswegen solltest du mir die drei Sachen holen, weil ich jahrelang alleine war und keinen Freund hatte.“ Aber die rote Paprika sagte: „Du hättest dir doch immer einen Freund zaubern können?“ „Die Zauberkraft hatte ich nicht. Um sie zu bekommen, brauchte ich die drei Sachen. Ich bedanke mich sehr und werde dich zu deinen Schwestern bringen. Aber du

musst noch drei Tage dort warten, bis sie ganz reif sind." Die rote Paprika wartete drei Tage und dann stand neben ihr ihre gelbe und grüne Paprikaschwester. Die rote Paprika war sehr glücklich, dass sie ihre Schwestern nun bei sich hatte, und sie freute sich, dass die Mangoldfee nun ihren Prinzen hatte. Plötzlich kam aber auf das Feld, wo sie alle saßen, ein Feldwagen und überfuhr sie. Aber weil die rote Paprika der Mangoldfee soviel geholfen hatte, wurden die drei Schwestern jetzt Paprikafeen und flogen zu ihrer Mangoldfee und dem Mangoldprinzen und wurden ihre Kinder. Sie waren eine glückliche Familie, obwohl sie gestorben waren.

DER SCHNEEMANNJUNGE

Es gab einmal eine Schneemannfamilie. Sie hatte einen kleinen Sohn und wohnte in einem Kugelhaus, nur der große Bruder war schon ausgezogen. Der Junge hatte sehr dolle Angst, dass der Sommer kommen würde, denn dann würden alle Schneemänner schmelzen. Der Junge sagte zu seinen Eltern: „ Ich gehe mal in den Eisbergen spazieren.“ Der Schneemannjunge sah dort ein Mädchen, das Schlitten fuhr. Er sagte: „Hallo Mädchen wie heißt du denn?“ „Ich heiße Ebru, und wie heißt du?“ „Ich heiße Schneemannjunge.“ Ebru fragte: „Wie geht es dir denn, du siehst so traurig aus?“ Der Schneemannjunge antwortete: „Ach, weißt du, ich habe Angst, dass der Sommer kommt. Dann werden wir alle schmelzen. Das macht mich sehr traurig, ich möchte noch nicht sterben.“ Da tröstete Ebru ihn und sagte: „Ich habe eine Idee, wie ich dir helfen kann. Ich baue euch ein Haus mit Kühlakkus drin und bringe euch zum Südpol. Wenn hier wieder Winter ist, kannst du mich ja mal besuchen kommen, denn hier ist nicht dein Zuhause. Hier gibt es immer Frühling, Sommer, Herbst und Winter. Aber darf ich, bevor ihr geht, noch ein Familienfoto von euch machen?“ „Natürlich“, antwortete der Schneemannjunge.
Dann gingen Ebru und der Schneemannjunge zu seinen Eltern, und sie besprachen alles. Anschließend ging Ebru zu ihren Eltern und bat sie um Hilfe für den Transport. Ebrus Vater machte ein Foto von allen und baute mit Ebru ein Kühlhaus. Ebrus Vater hat dann den Transporter gefahren, auf dem das Kühlhaus mit der Schneemannfamilie stand. So konnten sie unterwegs nicht schmelzen. Ab und zu ging Ebru in das Kühlhaus rein, um die Familie zu besuchen. Doch plötzlich kam ein großer Sturm, der das Haus umwarf. Es rollte und rollte bis zu einem Kastanienbaum. Die Familie hatte Angst, dass sie nun verloren sei. Aber Ebrus Vater merkte, dass etwas nicht stimmte und schaute noch mal nach. Da sah er, dass das Kühlhaus weg war. Weil Ebru so schlau war, rief sie ihren Vater mit dem Handy an und sagte ihm, dass das Kühlhaus vor dem Baum stehe. Dann brachte Ebru mit ihrem Vater das Kühlhaus wieder auf den Transporter, und sie machten es richtig fest, damit es nicht mehr verloren gehen konnte. Dann fuhren sie weiter. Es war noch ein langer Weg bis zum Südpol. Auf einmal kam ein Tornado, und das ganze Auto flog weg bis zum Südpol. Da waren sie ganz heil angekommen. Mit dem Auto hätte es bestimmt noch sechs Stunden gedauert, aber mit Hilfe des Tornados ging es viel schneller.

v.l.n.r. sieht man die Schneemannmutter, den großen Bruder, Ebru, den Schneemannvater und den kleinen Schneemannjungen. Das Foto hat Ebrus Papa gemacht.

Sie suchten einen Platz für das Haus und stellten es vor einen großen Tannenbaum.
Ebru sagte: „Nun ist Abschied zu nehmen, ich werde jetzt gehen." „Danke schön für eure Hilfe", sagte die Schneemannfamilie.
Ebru ging mit ihrer Familie wieder nach Hause. Das dauerte dieses Mal aber sechs Stunden.
Jeden Winter kam der Schneemannjunge jetzt zu Besuch, und Ebru und er spielten zusammen.

DIE ABC – BAND

Es war einmal ein A das ging auf einen Markt, um zu gucken, was dort los war. Das A sagte: „Oh, ich hätte so gerne eine Band." Es machte sich auf die Suche, eine Band zu finden. Da es nicht wusste wie, ging es zum nächsten Gemüsestand und kaufte beim B einen Salat. Dabei hörte es, dass das B ein Lied sang. Da sagte das A: „Hör' mal B, wir können eine Band gründen, du kannst ja so gut singen." Das B antwortete: „Ja natürlich, dass ist eine gute Idee." Als sie so zusammen redeten, kam das C vorbei und spielte auf seiner Flöte.
„Ihr wollt eine Band gründen? Darf ich mitmachen?" fragte das C.
Das A und das B freuten sich: „Natürlich kannst du mitmachen."
Gemeinsam gingen sie in eine Schule, um die Noten zu lernen und ihren Gesang zu verbessern. Sie hatten Unterricht bei Frau Y. Sie sagte: „A, B, C, diese Noten müsst ihr lernen, sie heißen 1-2-3-4." A, B und C lernten viel und bestanden ihre Prüfung. Nun konnten sie ihr erstes eigenes Lied erfinden. Am Ende hörte es sich so an:

Wir sind das ABC
Wir laufen gern' im Schnee.
Der Markt war unser Ziel,
Jetzt machen wir ganz viel.
Gemeinsam haben wir' s geschafft
Und eine Band gemacht.
Für Euch wird nun gesungen.
Wir hoffen es ist gelungen.
Denn wir sind das ABC

Mit diesem Lied wurde ABC berühmt und wurde zu vielen Konzerten eingeladen, denn sie waren das ABC!

DAS BESONDERE TIER

Es war einmal ein Mädchen, das hieß Berfin. Berfin war sehr reich, aber auch sehr krank. Eines Tages sagte Berfin: „Ich gehe mal Urlaub machen mit meinem eigenen Flugzeug." Sie flog in einen einsamen Wald und wollte dort zelten. Plötzlich, als sie aus dem Flugzeug ausstieg, kam ihr eine große Giftschlange entgegen und biss sie ins Bein. Da sagte Berfin: „Oh nein, jetzt muss ich sterben, was soll ich jetzt machen?" Genau neben ihr war ein See. Sie tat ihr Bein in den See und sagte: „Ich sterbe ja sowieso." Im Wasser waren viele kleine Tierchen, die sahen aus wie Würmer. Aber es waren Wunderwürmer. Sie kamen an Berfins Bein und leckten an der Stelle, wo die Schlange sie gebissen hatte. Berfin sagte: „Was kribbelt denn da an meinem Bein? Ich fühle mich viel besser, es geht mir ganz gut." Sie guckte ihr Bein an, und die Wunde war weg. Da bedankte sie sich bei den Wunderwürmern. Sie sagte: „Ich werde euch alle mitnehmen und ins Krankenhaus bringen. Dort könnt ihr alle Kinder gesund machen."

Sie tat die Wunderwürmer in ein Glas und nahm sie mit in ihr Flugzeug. Dann flog sie los und flog direkt zum Krankenhaus, in dem sie auch behandelt wurde. Sie ging zu ihren Ärzten und sagte: „Ich habe euch viele Tiere mitgebracht, die den Kindern helfen werden, und ihr braucht nicht mehr soviel arbeiten." Die Ärzte probierten es aus, und alle Kinder wurden gesund. Und das Krankenhaus war leer. Immer, wenn ein krankes Kind kam, wurde es mit den Wunderwürmern behandelt und konnte wieder nach Hause gehen. Die Ärzte bedankten sich bei Berfin, und auch die Kinder umarmten sie und bedankten sich.

Ach ja, Berfin wurde natürlich auch durch die Würmer gesund. Berfin war sehr glücklich, und gemeinsam lachten sie bis zum Ende.

Natürlich ging die Behandlung mit den Wunderwürmern so weiter.

Ich hoffe, dass so was wirklich passiert und ich tatsächlich gesund werde. Oder von einem Medikament. Es könnte ja sein!

DER FUCHS NAMENS MUCKSCHEN

Es war einmal ein Fuchs, der wollte in den Wald gehen. Doch die Tiere waren ganz gemein zu ihm, weil sie dachten dass Füchse nicht nett sind und schlechte Sachen machen. Aber Muckschen war nicht so ein Fuchs. Er war ein ganz lieber Fuchs, der nur mit vielen Freunden im Wald leben wollte.
Doch die anderen Tiere scheuchten ihn vom Wald weg und sagten: „Geh weg, du böser Fuchs, wir wollen dich nicht haben." Muckschen war sehr traurig und weinte, denn er war ganz lieb. Aber ihm blieb keine andere Wahl, als vom Wald wegzugehen.
Er ging zu einem Baum, der weiter weg war vom Wald, wo er sich hinlegen konnte. Plötzlich, als Muckschen einschlafen wollte, kam Brandgeruch in seine Nase und er hörte ganz viele Stimmen, die nach Hilfe riefen. Er folgte den Stimmen und kam zurück zum Wald. Er sah zwei Männer, die wegliefen. Muckschen dachte sich, das es die Männer wären, die den Wald angezündet haben. Muckschen nahm seinen ganzen Mut zusammen, lief durch das Feuer und rettete jedes einzelne Tier. Alles war verbrannt und es gab keinen Wald mehr. Die Tiere waren sehr traurig aber auch froh, dass Muckschen ihnen geholfen hatte. Sie bedankten sich sehr und entschuldigten sich für ihr Verhalten. Aber Muckschen war nur an ein paar Stellen verbrannt und freute sich, dass er die Tiere als Freunde wieder hatte. Aber nun sagten sie: „Wir haben keinen Wald mehr, wo sollen wir leben?" Da hatte Muckschen eine Idee: „Wir pflanzen neue Bäume. Der Wald wird bestimmt schöner als der alte Wald." Das taten sie auch. Nach ein paar Tagen wuchsen die Bäume und es wurde ein wunderschöner Wald mit vielen Blumen und ganz viel Duft. Es war wie im Paradies, und alle lebten glücklich zusammen.
Aber dann geschah etwas Schlimmes. Es kam ein Jäger und schoss Muckschen in sein Bein. Alle anderen Tiere liefen weg. Der Jäger meinte es nicht böse, aber das konnte Muckschen ja nicht wissen. Der Jäger wollte schon lange einen süßen Fuchs haben, den hatte er nun gefunden. Er nahm den Fuchs mit nach Hause zu seiner Frau. Er wollte ihr eine Überraschung machen. Die Wunde war nicht so schlimm und nach ein paar Tagen wieder weg. Muckschen war wieder gesund. Der Mann und die Frau waren sehr glücklich über ihren süßen Fuchs. Sie nannten ihn Muckschen. Aber Muckschen war nicht glücklich. Er wollte zu seinen Freunden zurück. Der Mann und die Frau sahen nach ein paar Tagen, dass Muckschen nichts mehr aß und trank, schlapp und traurig war und rumjaulte. Er guckte aus dem Fenster und der Mann und die Frau merkten, dass der Fuchs nur bei seinen Freunden glücklich sein konnte. Aber der Jäger wollte den Fuchs nicht hergeben, weil er ihn so gerne mochte. Die Frau wollte ihn zwingen, aber er tat es einfach nicht. Dann gingen wieder ein

paar Tage vorbei. Muckschen war in seinem Korb und der Mann wollte gukken, wie es ihm geht. Da sah er ihn dort tot liegen. Aber Muckschen war nicht tot, er konnte nur vor Traurigkeit nicht mehr aufstehen. Der Mann war enttäuscht von sich, dass er nicht auf seine Frau gehört hatte. Er sagte: „Muckschen, steh auf!“ Muckschens Augen blieben zu, aber er jaulte leise. Er brauchte den Duft des Waldes und seine Freunde. Der Jäger sagte: „Ich werde dich zu deinen Freunden in den Wald zurückbringen. Es tut mir leid, dass ich dich so gequält habe. Das tue ich nicht wieder.“ Er nahm Muckschen in seine Arme und brachte ihn zurück zu seinen Freunden.

Die Freunde haben sich erst vor Angst der Jäger könnte wieder schießen versteckt, aber sie sahen keine Waffe, sondern Muckschen in seinem Arm liegen. Der Jäger legte Muckschen unter einen Baum und sagte: „Ich werde euch im Winter Futter bringen und ein Haus bauen, damit ihr alle zusammen leben könnt.“

Als die Freunde das hörten, erfuhren sie, dass der Mann ein ganz lieber Jäger war und kamen langsam zu Muckschen und dem Mann. Und auf einmal öffnete Muckschen seine Augen. Er war wieder wie früher. Der Mann war sehr glücklich und umarmte Muckschen und seine Freunde. Auch seine Frau kam und machte es ebenso.

Sie verabschiedeten sich von allen und sagten: „Nun bauen wir euch ein Winterhaus, damit ihr nicht erfriert.“ Sie bauten ein großes Waldhaus mit Blumen, Tränken und allem, was dazu gehörte.
Muckschen und die Tiere freuten sich sehr, leckten die beiden an ihren Wangen und in ihrer Sprache gesagt, dass sie sie in ihrem Haus besuchen kommen sollten.
So war Muckschen der glücklichste Fuchs auf der Welt.

DER BESONDERE APFEL

Es war einmal ein Regenbogenapfelbaum. Er hatte viele Regenbogenäpfel. Ein Apfel, der noch nicht richtig reif war, fiel bei einem starken Wind herunter und rollte bis zum Ende des Landes. Dort stieß er an einen Baum. Langsam kam der Apfel zu sich, aber er wusste nicht, wo sein Zuhause war, weil sein Gehirn weggelaufen war.
Hinter ihm stand ein Pflaumenbaum. Der Pflaumenbaum sagte: „Hallo kleiner Regenbogenapfel, was machst du hier?“ Der Regenbogenapfel antwortete: „Das frage ich mich auch. Ich glaube ich bin von meinem Zuhause hier hergerollt. Aber woher ich genau komme, weiß ich nicht mehr, weil mein Gehirn weggelaufen ist.“ Da sagte der Pflaumenbaum: „Ich gebe dir ein Pflaumengehirn, vielleicht kannst du dich dann erinnern?“ Mit dem Pflaumengehirn konnte er sich aber nur an die Wurzeln erinnern. Dadurch wurde er auch nicht schlauer. Er bedankte sich und ging einfach weiter. Er schwamm durch einen See und kam zu einem Kirschbaum. Der sagte: „Hallo kleiner Regenbogenapfel, suchst du dein Zuhause?“ „Ja, aber ich kann mich nur an die Wurzeln erinnern“, antwortete der Regenbogenapfel.
„Komm, ich tausche dein Pflaumengehirn gegen ein Kirschgehirn, vielleicht erinnerst du dich dann an mehr.“ Mit dem Kirschgehirn konnte er sich aber nur an den Baumstamm erinnern. Er bedankte sich und ging einfach weiter. Er kam an einen Strand und fand einen Birnenbaum. Der sagte: „Hallo kleiner Regenbogenapfel, suchst du dein Zuhause?“ Ja, aber ich kann mich nur an die Wurzeln und den Baumstamm erinnern“, antwortete der Regenbogenapfel. „Komm, ich tausche dein Kirschgehirn gegen ein Birnengehirn, vielleicht erinnerst du dich dann an mehr.“ Mit dem Birnengehirn konnte er sich aber nur an die Äste erinnern. Er bedankte sich und ging einfach weiter.
Er rollte durch einen Wald und sah einen Bananenbaum,
der sagte: „Hallo kleiner Regenbogenapfel, suchst du dein Zuhause?“ „Ja, aber ich kann mich nur an die Wurzeln, den Baumstamm und die Äste erinnern.“

„Komm, ich tausche dein Birnengehirn gegen ein Bananengehirn, vielleicht erinnerst du dich dann an mehr.“ Mit dem Bananengehirn konnte er sich aber nur an die Blätter erinnern.
Er kletterte ein Stück auf einen Berg. Dort sah er einen Apfelbaum mit grünen und roten Äpfeln. Der sagte: „Hallo kleiner Regenbogenapfel. Du gehörst nicht zu mir, ich habe nur grüne und rote Äpfel. Aber ich könnte dir ein Apfelgehirn geben, dann kannst du dich bestimmt an dein Zuhause erinnern.
Tatsächlich konnte sich dann der Regenbogenapfel an sein Zuhause erinnern. „Ich komme von einem Regenbogenapfelbaum. Er ist genauso bunt wie ich.“
Er stieg den Rest des Berges bis zur Spitze hinauf. Da sah er auch schon seinen Baum. „Gott sei Dank, ich habe dich gefunden“, seufzte der Regenbogenapfel. Der Regenbogenapfelbaum nahm ihn in die Hand und hängte ihn wieder an seine Äste, damit er weiter wachsen konnte.
Das war die Geschichte vom verlorenen Gehirn. Ich hoffe euer Gehirn läuft euch nicht weg.

DAS ABENTEUER DES KÜKENS

An einem Strand in einer Ecke war einmal ein Nest, in dem fünf Kükeneier lagen. Darauf hockte die Mutter, um sie auszubrüten. Die Mutter dachte, dass es noch zwei Monate dauern würde, bis die Küken schlüpfen und ging auf Futtersuche. Auf das Nest legte sie zum Wärmen etwas Stroh, weil die Futtersuche vielleicht die zwei Monate dauern würde.
Als die Mutter weg war, und ein Monat vorbei war, schlüpfte das erste Küken und suchte nach seiner Mutter. Plötzlich kam ein Adler und nahm das Küken in seine Krallen. Das Küken war sehr erschrocken und dachte, der Adler wolle es fressen. Es überlegte, wie es sich aus den Krallen befreien könnte. Es pickte an den Federn des Adlers. Da ließ er es los. Es fiel direkt ins Meer. Da kam ein Krokodil mit riesigen Zähnen angeschwommen. Das Küken versuchte, so schnell wie möglich wegzuschwimmen und kletterte auf eine Insel. Dort begann es wieder nach seiner Mutter zu suchen. Aber es drohte schon die nächste Gefahr. Es kamen ganz viele ausgehungerte Hunde angerannt und wollten das Küken fressen. Schnell kletterte das Küken auf einen Baum, bis zum Ende eines Astes. Dort saß es nun und weinte ganz doll nach seiner Mutter.
In diesem Augenblick waren die zwei Monate um, und die Mutter kam zurück zum Nest. Da sah sie, dass bereits ein Ei aufgebrochen war. Sie dachte zuerst, jemand hätte das Ei gegessen. Aber andererseits wären dann alle Eier gegessen worden. Da weinte und schrie sie nach ihrem Küken. Plötzlich entdeckte sie kleine Fußabdrücke von ihrem Küken. Aber leider hörten sie nach kurzer Zeit auf, denn der Adler hatte das kleine Küken ja mitgenommen. Da dachte die Mutter: Ich kann mein Küken vergessen. Es ist bestimmt tot oder findet nicht zurück nach Hause.
An diesem Tag war Weihnachten. Das Küken sah plötzlich einen Hirsch durch die Gegend fliegen. Es rief sehr laut: „Hilfe, hilf mir bitte." Es war der Hirsch vom Weihnachtsmann. Er nahm das Küken auf seinen Rücken und fragte es: „Was hast du denn hier zu suchen, du musst doch bei deiner Mutter sein". Das Küken erzählte seine Erlebnisse und fiel dabei vom Hirsch runter. Der merkte das nicht, weil das Küken so leicht war. Erst, als keine Stimme mehr zu hören war, guckte er nach hinten und sah, dass das Küken weg war. Aber Gott sei Dank hatte das Küken im Fallen versucht zu fliegen. Es klappte aber nicht lange, weil es noch so klein war. Das Küken schrie: „Hirsch, hilf mir, ich kann nicht mehr weiter fliegen!" Dieses Mal nahm der Hirsch es in sein Maul, damit er es nicht noch mal verlieren konnte. Das Küken fragte den Hirsch: „Wo bringst du mich jetzt hin? Ich will zurück zu meiner Mama." Der Hirsch antwortete: „Ich bringe dich zum Weihnachtsmann. Der wird dich einpacken. Dann gehst du als Geschenk zu deiner Mama." Als sie ankamen,

bedankte sich das Küken beim Hirsch für seine Hilfe. Der Weihnachtsmann sah das Küken und meinte: „Na, kleines Küken, möchtest du zu deiner Mama? Warte mal, ich gucke mal mit meinem Fernglas nach unten, wo deine Mutter ist und was sie gerade macht.“ Und da sah er auch schon die Mutter. Sie saß auf dem Nest und weinte. Sie hoffte, dass der Weihnachtsmann ihr das Küken wiederbringen würde, aber eigentlich glaubte sie, ihr Küken wäre von anderen Tieren aufgefressen worden und tot.

Ihre anderen Küken waren schon geschlüpft, konnten aber noch nicht fliegen, schwimmen und klettern. Das verlorene Küken konnte dies schon alles. Das wusste die Mutter aber noch nicht.

Der Weihnachtsmann sprach: „Komm, kleines Küken, wir müssen uns beeilen, deine Mutter ist schon sehr verzweifelt. Wir packen dich schnell ein, dann wird es eine Überraschung.“ Der Weihnachtsmann wickelte das Küken in Geschenkpapier ein mit einer großen Schleife und legte es in einen Papierflieger. So flog das Küken los, flog und flog, bis die Spitze des Papierfliegers an den Popo seiner Mutter stieß. Die Mutter erschrak: „Huch, da piekst was an meinem Popo, was kann das denn sein?“ Sie drehte sich um. Da sah sie ein schönes Geschenk mit einer großen Schleife. Sie dachte, da wäre Futter drin. Aber als sie es auspackte, sprang ihr verlorenes Küken direkt in ihre Arme. Sie drückten sich und die Mutter weinte vor Glück. „Ist das nicht ein schönes

Weihnachtsgeschenk für dich?" rief das Küken. „Das ist das schönste Weihnachtsgeschenk in meinem ganzen Leben", antwortete die Mutter.
Das Küken erzählte seiner Mutter von seinen Abenteuern und das es jetzt schon fliegen, schwimmen und klettern konnte. Es war das zu früh geborene Küken, welches schnell gelernt hatte. Seinen Brüdern und Schwestern brachte es alles bei. So wurde es zum Lieblingsküken seiner Mutter.

DIE ANDERE WELT

Es war einmal ein Junge, der war 10 Jahre alt und hieß Adem. Er fand die Welt, in der er lebte, sehr langweilig. Wenn ihr fragt, weshalb er die Welt so langweilig fand: Weil immer alles gleich war und sich nichts änderte. Er sagte zu sich selbst: „Schade, dass mein Bett nicht fliegen kann. Dann könnte ich in eine andere Welt reisen."
Als es Nacht wurde und der Mond schien, war Adem noch wach. Doch der Mond schien so hell, dass das Bett von Adem zu wackeln begann. Der Mond sagte zu Adem: „ Drehe dein Kissen um, dann findest du einen Knopf. Wenn du den drückst, kannst du fliegen."
Durch das Fenster flog er mit seinem Bett hinaus. Er flog so lange, bis er in eine andere Welt kam. Es war eine bunte Welt und es war dort ganz schön. Als Adem die Welt betrat, war der Boden ganz kuschelig, wie aus Watte. Da fuhren Autos, ganz weich und bunt. Adem konnte ein Hochhaus sehen, das aus Blumen gebaut war. Er ging dort rein. Das Mobiliar war aus verschiedenen Blumen gebaut. Z.B. gab es einen Stuhl aus Rosen und einen Schreibtisch aus Stiefmütterchen. Adem staunte: „Meine Güte, ist das aber schön!" Er ging bis in den obersten Stock. Plötzlich schubste ihn jemand vom Hochhaus runter. Adem dachte, er müsste sterben, aber Gott sei Dank war der Boden wie ein Trampolin. Er war noch am Leben.
Die Leute, die dort lebten, waren aus Gold und Silber. Sie kamen und fragten: „Wer bist du, du siehst so anders aus?" „Ich komme aus einer anderen Welt. Ich fand es dort so langweilig, deshalb bin ich hergekommen" antwortete Adem. Die Leute begrüßten ihn: „Herzlich Willkommen in unserer Welt."
Als in Adems Welt der neue Tag begann, kam seine Mutter ins Zimmer und sah, dass Adems Bett und er selber nicht mehr da waren. Da wurde seine Mutter sehr traurig. Sie dachte: Er ist entführt worden oder weggelaufen. Sie rief die Polizei an und suchte mit Adems Vater in der ganzen Welt nach ihm.
In diesem Augenblick ging Adem in seiner neuen Welt in einen Park. Der Park war aus Äpfeln gebaut. Dort gab es einen See, der aus lauter Kristallen be-

stand. Die Enten, die dort schwammen, waren aus Blättern. Adem verließ den Park und betrat ein Hotel, um sich ein Zimmer zu mieten. Dort wollte er wohnen. Das Hotel bestand aus Schmuck. Als er das Zimmer gemietet hatte, schaltete er das Fernsehen ein. Es gab auch Programme aus seiner früheren Welt. Dort sah er seine verzweifelten Eltern, die nach ihm suchten. Adem war sehr traurig und dachte: „Was habe ich da gemacht? Ich habe ja nur an mich selber gedacht und nicht an meine Eltern." Als er das sagte, klingelte es an seiner Tür. Da stand ein Junge in seinem Alter. „Hallo, ich bin Ilkcan. Kann ich bei dir wohnen?" Adem sagte: „Ja, du kannst hier wohnen, ich schenke dir das Zimmer. Ich gehe wieder weg von hier." „Schade, ich hätte gerne mit dir hier gewohnt und dich als Mitbewohner gehabt", sagte Ilkcan. „Ich wollte hier eigentlich noch länger bleiben, ich komme aus einer anderen Welt. Aber meine Eltern suchen mich. Ich werde dich aber besuchen kommen, aber jetzt muss ich gehen" sagte Adem. Das Bett, mit dem er hergeflogen war, stand versteckt hinter einem Eisenbaum. Er drückte hinter seinem Kopfkissen auf den Knopf, und es ging los. In seiner alten Welt war es Nacht, als er in seinem Zimmer ankam. Am Morgen sagte seine Mutter zu ihrem Mann: „Komm', lass uns noch ein letztes Mal zu unserem Sohn ins Zimmer gucken". Als sie ins Zimmer kamen, sahen sie Adem schlafend in seinem Bett. „O, guck' mal, da ist unser Sohn. Er ist zurückgekehrt", rief die Mutter. Da wachte Adem auf und sagte: „Mama, es tut mir leid, dass ich weggegangen bin. Ich war in einer anderen

Welt, weil ich diese Welt langweilig fand". „Die Welt, in der wir hier leben, kann nicht langweilig sein. Du musst froh sein, dass wir hier keinen Krieg haben. In anderen Welten kann es Krieg geben". „Du hast recht, Mutter. Aber in der neuen Welt, wo ich war, habe ich einen Freund kennengelernt. Darf ich ihn mal besuchen?" „Natürlich kannst du ihn besuchen gehen, aber jetzt frühstücken wir erst einmal".
Adem stand auf, frühstückte mit seinen Eltern und erzählte ihnen von der neuen Welt.
Immer aber, wenn er Langeweile hatte, konnte er in seine neue Welt fliegen und dort drei Monate bleiben.

DIE KRAFT

Es gab einmal einen 18 - jähriger Jungen, der hieß Tolga. Er hatte eine Freundin, die hieß Mehtap.
Tolga war ein sehr starker Junge. Seine Hände waren wunderschön. Wenn seine Freunde Hilfe brauchten oder ein Gerät kaputt war, konnte er es schnell reparieren. Er konnte es so gut, weil er als kleiner Junge auf einem Bauernhof gelebt und dort viel gelernt hatte.
Eines Tages ging es Tolga ganz schlecht. Er ging zum Arzt, um eine Blutkontrolle machen zulassen. Nach ein paar Tagen sagte der Arzt, dass das Blut etwas entzündet sei, aber es müsste noch das Knochenmark untersucht werden, ob es Krebs sei. Nach zwei Wochen ging Tolga wieder zum Arzt, um die Ergebnisse von der Knochenmarkuntersuchung zu bekommen. Der Arzt hatte ein trauriges Gesicht und sagte verzweifelt zu Tolga: „Leider hast du Krebs in deinem Knochenmark". Tolga und seine Freundin erschraken und weinten sehr. Danach überlegte Tolga: Ich werde nicht aufgeben und die Krankheit wegkämpfen.
„Es gibt jetzt Krieg in meinem Körper, aber ich werde den Feind in meinem Körper besiegen. Ich bin stark und werde kämpfen, obwohl es mir schwer fällt, werde ich meinem Körper helfen", sagte Tolga. Natürlich machte es seine Freundin genauso und gab ihm sehr viel Mut. Sie gingen nach Hause. Da fiel ihm was ein. „Ich esse jetzt viel Obst und Gemüse und versuche daraus ein Medikament herzustellen, was den Krebs besiegen kann. Vielleicht bekomme ich es ja hin."
Er nahm sich eine Schale, tat die Kerne der Weintrauben hinein, ein bisschen Broccoli, Kerne von einem Apfel, Kohlrabi, Spinat, vermischte alles und machte daraus einen Saft, den er trank.

Er fühlte sich ein bisschen stärker, aber es half ihm nicht viel. Da rief Mehtap nach ihm. Er ging ins Wohnzimmer und Mehtap fragte: „Kannst du den Fernseher reparieren, er ist kaputt?“ Tolga sagte: „Ja natürlich“. Er probierte es, aber es ging nicht. Er hatte die Kraft dafür nicht mehr. Es ging ihm immer schlechter. Er musste ins Krankenhaus. Dort bekam er eine Knochenmarktransplantation. Er hatte Angst, dass er sterben würde, aber trotzdem gab er nicht auf und kämpfte weiter. Er machte sich schöne Gedanken und stellte sich vor: Ich laufe mit meiner Freundin über eine Blumenwiese und bin sehr glücklich. Ich pflücke Blumen und schenke sie meiner Freundin.
Aber dann passierte es.
Das Gerät an dem er angeschlossen war, piepte. Sein Herz war stehen geblieben. Die Ärzte kamen und versuchten, ihn zu reanimieren. Aber Tolgas Seele war schon aus dem Körper und flog im Krankenhaus umher.
Von oben sah er, wie seine Freundin verzweifelte und die Ärzte, alle ihn zurückholen wollten. Da beschloss seine Seele: „Ich gehe wieder in meinen Körper“. Plötzlich schlug sein Herz wieder. In diesem Augenblick hatte er einen Gedanken im Kopf. Er kämpfte gegen den Krebs. Die Ärzte sahen wie verkrampft er war und seine Hand zu einer Faust ballte. Sie hörten auch, wie er redete. Er sagte: „Ich werde es schaffen. Ich werde meine Krankheit besiegen. Egal, auch wenn die Krankheit kommt, ich werde sie wegmachen“.
Danach machte es ‚Knack‘ und er war gesund. Er stand von seinem Bett auf. Die Ärzte aber konnten es nicht glauben, dass er so gesund war. Mehtap war

sehr glücklich. Die Ärzte fragten Tolga: „Wie hast du das geschafft?“ Tolga sagte: „Man muss stark sein, man muss Mut haben, man darf nicht an den Tod denken, sondern muss sich schöne Gedanken machen. Man darf nie aufgeben, auch wenn es schwer fällt. Es gibt immer eine Lösung. Auch wenn man meint, es gibt keine, man findet immer einen Weg, egal was passiert. Man muss stark sein, so kann man die Krankheit leicht besiegen. Das habe ich gemacht, obwohl mein Herz stehengeblieben war, bin ich durch meine Stärke wieder aufgewacht. Dieses Beispiel sollt ihr auch an andere Kranke weitergeben. Vielleicht werden sie dadurch auch gesund.“

So war Tolga gesund und glücklich und lebte mit seiner Freundin Mehtap bis ihr Leben zu Ende war.

Wenn ihr auch so eine schlimme Krankheit habt, gebt nie auf. Kämpft weiter, auch wenn es schwer fällt. So produziert ihr neue Zellen im Körper, die werden bestimmt den Krebs besiegen.

Guckt, Tolga hat es geschafft. Obwohl sein Herz stehengeblieben war, ist es wegen seiner Stärke wieder aufgewacht. Vielleicht passiert es bei euch auch so. Naja, man weiß es nicht.

Aber trotzdem, gebt nie auf!

DER STEIN

Es gab einmal einen kleinen Stein. Er wohnte auf der Steininsel. Auf der Steininsel gab es ganz unterschiedliche Steine. Große, kleine, dicke, dünne. Aber es gab auch einen Stein, der war ganz schwarz und der kleinste von allen. Er wollte auch so groß und stark sein, wie die anderen und war ganz traurig. Die anderen Steine sahen hübscher und größer aus und hatten mehr Kraft und mehr Freunde als der kleine Stein.

Eines Tages ging der Stein in den Wald. Er sah, wie Menschen in einem Schiff auf die Steininsel kamen. Dabei war ein Mann mit seiner Tochter, sie hieß Nancy. Nancy war sehr krank und hatte keine Kraft mehr. Sie lag in einem Raum auf dem Schiff. Nancys Vater sagte zu seinem Freund: „Ich kenne eine Steininsel, auf der es heilende Steine gibt. Dort ist ein besonderer Stein, aber genaueres weiß ich nicht. Ich hoffe ich finde diesen Stein, kann ihn meiner Tochter geben und sie dadurch gesund machen.“

Doch die Steine auf der Insel verschwanden, als sie die Menschen sahen, damit sie nicht von ihnen aufgehoben werden konnten. Nancys Vater ging auf die Insel, doch er konnte keine Steine entdecken. Plötzlich kam ihm der kleine, schwarze Stein entgegen und bevor er sich erschrecken konnte, hob Nancys Vater ihn auf. „Ah, ich habe den mutigsten, stärksten und kleinsten Stein der Welt gefunden“, rief er. Natürlich wusste der Stein selber nicht, dass er so stark war und jeder ihn suchte. Der Stein fragte sich, was der Mann von ihm wollte. Der Mann sprach zum Stein: „Bitte, mache meine Tochter gesund, sie ist sehr krank und hat keine Kraft mehr. Nur du kannst ihr Kraft geben. Durch dich wird sie stark werden.“ Der Stein hörte es und begann, mit dem Mann zu reden. „Ich werde deiner Tochter Stärke geben.“ Als der Mann das hörte, brachte er seiner Tochter den Stein. Als Nancy den Stein nahm, ging es ihr langsam besser. Sie konnte schon aufstehen. Doch der Stein war sehr traurig, weil er dachte, er müsste wieder zurück und könnte nicht bei ihr bleiben. Doch das war nicht so. Nancy fragte ihn: „Kannst du für immer bei mir bleiben?“ Der Stein freute sich und sagte: „Ja, ich will bei dir bleiben.“ Da kam der Vater und sah seine Tochter munter und fröhlich auf ihren Beinen.

Er sagte: „Ich werde auf eurer Steininsel viele Steine sammeln und sie an kranke Leute verkaufen. Auch wenn sie nicht so sind wie du, aber ein bisschen Wirkung haben sie bestimmt auch. Hast du was dagegen?“ „Nein, ich habe nichts dagegen. Ich mag sie sowieso nicht.“ Dann sammelte der Vater Steine und verkaufte sie an kranke Menschen. Sie wurden alle gesund.

Seine Tochter war froh mit ihrem Stein und lebte so lange, bis der Stein alt war. Sie reisten auch zu anderen Steininseln, aber es war nicht so aufregend wie dieses Abenteuer.

DIE LÄNGSTE GESCHICHTE

DER KÖRPER

Es war einmal ein kleiner Junge, der gerne Bonbons aß. Er hieß Lucas und war drei Jahre alt. Eines Tages ging er mit seinem Vater in die Süßwarenabteilung eines Kaufhauses. In einer Ecke gab es Bonbons, die reden konnten. Der Zitronen – und der Erdbeerbonbon fanden ihr Leben so langweilig, dass sie sich freuten, als Lucas kam, sie kaufte und gleich in den Mund steckte. So fing das Abenteuer für die beiden Bonbons an.
Sie rutschten durch die Luftröhre direkt zu den Lungen. Da musste Lucas kräftig husten und die Bonbons sprangen hin und her durch die Bronchien und hatten ganz viel Spaß.
Plötzlich sahen sie in einer Ecke der Lunge einen Keim. Sie sagten: „Ey, Keim, geh da weg. Du gehörst da nicht hin. Du willst doch nicht die Lunge von Lucas kaputt machen. Wir fressen dich auf." Der Keim nahm das nicht ernst und pupte vor ihrer Nase. Da wurden die beiden Bonbons so wütend, dass sie ihn sofort aufaßen. Danach fanden die zwei Bonbons die Lunge langweilig und kletterten die Luftröhre wieder hoch. Sie entdeckten lauter kleine Blutwege. In einen Weg gingen sie rein und kamen zu den Nieren. Sie freuten sich, dass sie in den Nieren schwimmen konnten. Gott sei Dank stank es nicht so doll. Das Erdbeerbonbon hatte für Notfälle in seiner Tasche ein Seil. Das brauchten sie jetzt, um sich in eine Niere abzuseilen, damit sie nicht durch die Harnleiter rausgespült wurden. So konnten sie ohne Gefahr in der Niere schwimmen. In einer Ecke sahen sie einen Nierenstein, der raus wollte. Aber er war zu groß für die Harnleiter. Da schwammen die Bonbons zum Nierenstein und meinten: „Du musst hier aber schnell raus, du machst Lucas ganz große Schmerzen. Wegen dir muss er fast immer weinen." Aber der Stein sagte: „Ich kann hier nicht raus, ich bin zu groß für die Harnleiter." Da versprachen ihm die Bonbons: „Wir helfen dir und drücken dich raus. Wir werden später kommen und treffen uns dann in der Toilette." Als sie alles erledigt hatten, liefen sie weiter durch kleine Blutwege und kamen zum Herzen. Im Herzen war viel los, noch mehr als in der Lunge. Das Herz pumpte ununterbrochen und wurde einmal groß und einmal klein. Die Bonbons sahen viele Zellen, die arbeiteten, damit das Blut gut fließen konnte. Sie sahen aber auch eine Herzklappe, die etwas kaputt war. Da sagte das eine Bonbon: „Oh du Schreck. Das sieht doch nicht normal aus. Lass uns schnell gucken was dort kaputt ist." Und da sahen sie einen sehr bösen Virus, der dort am Knabbern war. Die beiden Bonbons schubsten ihn weg, bevor er noch mehr kaputt machen konnte. Da sagte der Virus zu ihnen: „Was wollt ihr von mir? Ich habe Hunger, ich muss essen." Die Bonbons antworteten: „Du verziehst dich hier schnell, sonst gibt es Ärger mit uns." Da lachte der Virus: „Ihr wollt mir was antun?" Doch da kam

plötzlich Antibiotika ins Herz und brachte den Virus um, denn Lucas hatte morgens seine Tablette geschluckt. Da sagten die Bonbons: „Siehst du, das kommt davon, wenn man so frech ist." Den anderen Zellen sagten sie, dass sie die kaputte Stelle schnell reparieren sollten. Das taten sie auch und bedankten sich bei den Bonbons.

„So, Erdbeerbonbon, wo wollen wir denn jetzt mal hingehen?", fragte das Zitronenbonbon. „Oh, guck mal, da ist eine Ader, lass uns dort mal hingehen, sie sieht gut aus." Als sie so durch die Ader gingen, sagte das Erdbeerbonbon: „Wir wollten doch durch die Organe gehen und jetzt sind wir in Lucas Arm gelandet. Naja, mal was anderes. Gleich suchen wir uns einen Nervenweg und dann landen wir bestimmt im Gehirn." Plötzlich sahen sie weiße und gelbe Punkte. „Was ist das denn? Das kenne ich gar nicht", fragte das Zitronenbonbon. „Komm, wir fragen mal, was das für Dinger sind", antwortete das Erd-

beerbonbon. Gerade da kam so ein Punkt an ihnen vorbei, und sie fragten ihn: „Was für Punkte seid ihr denn?“ Der Punkt erzählte ihnen, dass sie eine Entzündung im Blut wären. Das würde bedeuten, dass Lucas im Körper krank sei, denn dann bekäme man eine Entzündung im Blut und das wären sie dann.
Da sagte das Erdbeerbonbon: „Das ist ja schlecht, dann ist der arme Lucas ja krank.“ Und plötzlich sahen die Bonbons eine Nadel, die in die Ader kam, und ein Medikament Mepulizumab spritzte. Schnell liefen sie davon, weil sie Angst hatten, dass sie davon erwischt werden würden. Aber Gott sei Dank wurde nur die Entzündung erwischt.
Da sagte das Zitronenbonbon zum Erdbeerbonbon: „Gut, dass wir hier waren, da haben wir was gelernt, jetzt geht es Lucas bald besser.
Nun suchten sie sich einen anderen Weg und kamen über einen Nervenweg direkt ins Gehirn. Dort sahen sie zwei Hälften, die zusammen aussahen wie ein großer Haufen Würmer. Sie krabbelten in die Würmer rein und spielten

Kriegen. Einer musste den anderen fangen. Plötzlich fiel Lucas mit dem Kopf gegen eine Wand und die beiden Bonbons knallten gegeneinander. Sie sagten: „Mensch Lucas, pass besser auf, jetzt tun unsere Köpfe auch weh!"
Aber sie vergaßen es schnell wieder und entdeckten Adern, die zu den Ohren führten. Da sahen sie Ohrenschmalz, der in der Ecke hängen geblieben war und nach Hilfe rief. Die zwei Bonbons gingen zu ihm und sagten: „Was hängst du denn da rum?" „Ich warte auf das Ohrenstäbchen, was mich rausholt. Aber Lucas ist zu faul zum Ohrenarzt zu gehen, könnt ihr mir vielleicht helfen?" Da sagten die zwei Bonbons: „Natürlich helfen wir dir." Sie nahmen ihn aus der Ecke und schubsten ihn aus dem Ohr. Nun war der Ohrenschmalz in Freiheit. Da gingen die Bonbons noch tiefer ins Ohr rein und guckten sich die Ohrenschnecke und das Trommelfell an und fanden es sehr interessant. Auf einmal kam Lucas mit seinem Finger ins Ohr rein und bohrte so lange, bis die Bonbons zum Auge gerutscht waren. Dort konnten sie durchgucken und genau das sehen, was Lucas gerade anguckte. Noch immer weinte Lucas von seinem Sturz und durch die vielen Tränen rutschten die beiden Bonbons in die Nasennebenhöhlen. Dort fanden sie es ganz ekelig und riefen: „Iiiiiih, da ist ja lauter grüner und gelber Schnodder!" Auf einmal kribbelte Lucas Nase ganz doll, und er musste niesen. Dabei schluckte er etwas Schnodder durch die Speiseröhre runter und damit auch die zwei Bonbons. Sie landeten im Magen, wo die Magensäure sie sauber machte. Sie sagten: „Danke, dass du uns sauber gemacht hast. Aber mach uns nicht zu klein, wir flutschen hier eh gleich aus dem Darm raus. Doch vorher springen wir noch Seil." Lucas hatte nämlich Spaghetti gegessen, und so nahmen die Bonbons einen langen Spaghetti und sprangen Seil. Dabei sangen sie: „ Teddybär, Teddybär dreh dich um..." Da sagte die Magensäure: „Jetzt ist aber Schluss mit Spielen, sonst bekomme ich Hunger und muss euch aufessen." „Magensäure, dürfen wir noch einmal in die Leber, die Galle und die Milz gucken? Danach sind wir auch ganz schnell weg". „OK, von mir aus. Dann geht aber schnell", antwortete die Magensäure. Sie bedankten sich bei der Magensäure und fragten sie nach dem richtigen Weg. So kamen sie zur Leber. Dort sahen sie Maschinen, die Gallenflüssigkeit produzierten. „Oh nein, da ist eine Maschine kaputt. Sie ist sehr lahm und geht nicht mehr. Lass sie uns schnell reparieren. Ich habe mein Werkzeug dabei." Sie reparierten die Maschine. Gott sei Dank war es noch nicht zu spät. „Uuh, das war aber anstrengend", sagten beide. Die Maschine bedankte sich. Jetzt war sie wieder fit und konnte weiter arbeiten.
„So, Leber, jetzt gehen wir in die Milz. Weißt du, wo der Weg ist?" „Guckt da hinten, die dicke Ader. Geht nur geradeaus, dann seit ihr da."
Als die Bonbons ankamen, sahen sie viele weiße Blutkörperchen und fragten: „Was ist eure Arbeit?" Da erzählten die weißen Blutkörperchen ihnen, dass

sie die Polizei im Körper sind und überall dorthin wandern, wo Krankheitserreger in den Körper eindringen wollen und dass sie die dann ganz schnell auffressen würden. „Könnt ihr noch mal in Lucas Arm gucken? Dort war auch eine Entzündung“, fragten die Bonbons. „Ja, das machen wir. Sollen wir euch ein Stück bis zum Magen mitnehmen?“ „Ja, das wäre sehr nett“, antworteten die Bonbons.

Als sie im Magen angekommen waren, gingen sie weiter in den Dünndarm. Die Magensäure rief hinter ihnen her: „Stop! Ich gebe euch noch einen Mundschutz und einen Kittel mit, das kann da gleich stinken.“ „Vielen Dank dafür“, sagten die Bonbons und rutschten los. Das eine Bonbon öffnete kurz seinen Mundschutz. Es stank tatsächlich sehr. Am Ende des Dünndarms sahen sie den Blinddarm. Aber Gott sei Dank war der Blinddarm heile. Darüber waren die beiden Bonbons sehr froh und spielten eine Runde Verstecken im Dunkeln. Als sie gerade fertig waren mit Versteckenspielen, hörten sie ein Grollen. „Schnell, lass uns in die Öffnung gehen. Ich glaube, da kommt ein Pups, hoffen wir, dass er uns mitnimmt“, sagte das Zitronenbonbon. In dem Moment musste Lucas pupsen und schubste die beiden in den Dickdarm. Durch die Wand des Dickdarm sahen sie die grimmig guckende Bauchspeicheldrüse. Sie mochte keine Bonbons. Die beiden ahnten das und rutschten schnell weiter, bevor die Bauchspeicheldrüse sie erwischen konnte. Gott sei Dank schafften sie es und sahen schon den Ausgang. Lucas lief schon zur Toilette und pupste. Da landeten die beiden Bonbons in der Unterhose und rutschten durch die Hosenbeine auf den Badezimmerboden. Schnell versteckten sie sich hinter der Toilette. Lucas musste Pipi machen und da kam der Nierenstein raus und Lucas war froh. Der Nierenstein sagte: „Oh nein, meine Freunde sind nicht da, ich dachte wir treffen uns in der Toilette.“ Aber da hörte er plötzlich zwei Stimmen, die nach ihm riefen. Er folgte den Stimmen und ging aus der Toilettenschüssel raus. Da sah er die zwei hinter der Toilette, wo sie auf ihn warteten. „Das war aber ein schönes Abenteuer in Lucas Körper“, sagte das Zitronenbonbon.

In dem Moment sah Lucas die drei hinter der Toilette. Er trat sie alle drei kaputt. Aber die Seelen der Bonbons und des Nierensteins flogen zum Himmel und waren trotzdem glücklich, weil sie vor ihrem Tod noch in Lucas Körper gewesen waren und viel repariert hatten. So konnte es Lucas jetzt besser gehen.

TRÄUME

DAS VERSTECKTE LOCH

Es ging so. Ich ging zu Bett und schlief ein. Auf einmal stand ich auf in meinem Traum und war in der Schule. Nach der Schule ging ich zum Freizeitheim. Auf einmal sah ich einen Baum, dahinter war ein großes Loch. Ich lief dorthin und schaute mir das Loch an. Da entdeckte ich eine Treppe, aber nur ich konnte das sehen, kein anderer.

Ich stieg in das Loch und sah viele Diddelsachen und anderes Spielzeug. Da war eine Fernbedienung. Ich nahm sie mir. Ich drückte da drauf, da kam ein kleines Flugzeug geflogen. Am Flugzeug waren viele Knöpfe. Ich drückte auf einen Knopf und dann kam da Essen und Trinken raus. Ich war sehr froh, dass ich so etwas hatte. Jetzt brauchte ich mir keine Gedanken mehr zu machen, was ich holen musste, denn ich konnte überall drücken. Dann konnte ich einsteigen und flog in das Freizeitheim zurück.

Jedes Mal, wenn ich etwas haben wollte, konnte ich in das Loch gehen und mir das holen.

Das war sehr schön. Jetzt hatte ich alles und brauchte mir nichts mehr zu kaufen.

IN DER SPORTHALLE

Ich war in der Schule in der Sporthalle und habe mit meiner Klasse ein Spiel gespielt. Auf einmal ging es mir ganz schlecht und ich bin umgekippt. Danach ist in der Decke ein Loch aufgegangen und hat mich nach oben gezogen. Das war der liebe Gott, der das gemacht hat.
Er hat mich gesund gezaubert und wieder nach unten gebracht.
Die Kinder die da waren, die waren richtig erstaunt. Danach war ich nie mehr krank aber ganz glücklich.

DER TRAUM EINER SCHWESTER

Ich hatte mal eine Schwester Ulrike, die mir sagte, dass sie von mir geträumt hätte. Der Traum ging so:
Sie träumte, dass ich sie durch den Wald gejagt hätte und dass sie im Krieg war.
Da kam ein Mann und sagte: „Nach dem Krieg heiraten wir.“
Das war es eigentlich.

MEIN VOGELTRAUM

Im Traum war ich zu Hause auf dem Balkon und spielte mit einem Flugspiel. Plötzlich traf ich aus Versehen einen Vogel. Schnell ging ich nach unten und sah nach ihm. Er hatte sich ein Bein gebrochen. Ich holte meinen Arztkoffer und verband dem Vogel das Bein. Ich habe ihm auch ein Vogelhaus gebaut.
Als ich am nächsten Tag aufwachte, ging ich nach unten und schaute nach, ob das Bein des Vogels gesund war. Es war gesund. Darüber habe ich mich sehr gefreut und sagte ihm, dass er mich besuchen sollte.
Er gab mir eine Pfeife. In seiner Vogelsprache sagte er mir: „Jedes mal, wenn du krank bist, pfeife auf dieser Vogelpfeife. Dann helfe ich dir.“ Ich verstand ihn.
Dann nahm ich den Vogel mit auf den Balkon und ließ ihn dort frei.
Am nächsten Morgen war meine Krankheit war weg. Meine Eltern sind mit mir ins Krankenhaus gefahren. Dort erzählten wir, dass ich gesund wäre. Keiner glaubte uns. Aber es stimmte.
Dann habe ich auf der Pfeife des Vogels gepfiffen. Viele Vögel kamen und haben alle Kinder gesund gemacht. Ich freute mich. Dann war das Krankenhaus leer. Keiner musste mehr arbeiten.
Ich wünschte, der Traum wäre Wirklichkeit.

DIE DREI KINDER

Ich hatte seit einigen Tagen einen ansteckenden Keim und durfte nicht aus meinem Zimmer. Als ich auf Karen wartete, bin ich ein bisschen eingeschlafen. Genau in diesem Augenblick hatte ich einen ganz merkwürdigen Traum. Folgendes passierte:
Ich lag in meinem Bett. Auf einmal kam über den Balkon vor meinem Krankenhauszimmer ein kleiner Junge. Hinter meinem Bett war ein Loch, da kamen zwei Mädchen raus. Alle zusammen schmissen mich von meinem Bett runter. Da ging ich zur Schiebetür und wollte aus dem Zimmer gucken. Prof. H. kam vorbei und sagte: „Ebru, du musst sofort reingehen. Du weißt doch, dass du nicht raus darfst.“ Ich sagte: „Ich habe doch nur ein paar Keime, das ist doch nicht so schlimm.“ Aber der Prof. H. sagte, dass ich trotzdem reingehen müsste. Ich ging einfach raus als er weg war. Dann sah ich eine Schwester und vor ihr lagen große Kartons, die sie auspacken musste. Ich sagte: „Was ist denn in den großen Kartons drin?“ Sie wusste es auch noch nicht, aber wollte nach-

gucken. Ich dachte erst, da wären Antibiotikaflaschen, große Kochsalzflaschen und andere Sachen drin. Aber ich hatte mich getäuscht. Da kamen Toilettenpapier und Küchenrollen raus. „Was haben denn Küchenrollen da zu suchen“, dachte ich. „Wenn da soviel drin ist, gib mir was ab, ich brauche immer soviel“, sagte ich. Danach ging die Schwester weg, um alles einzusortieren. Ich kehrte in mein Zimmer zurück. Die Kinder lagen noch auf meinem Bett und guckten Dagobert Duck im Fernsehen. „Geht mal von meinem Bett runter, ich will mich hinlegen“, schimpfte ich. Aber sie hörten nicht auf mich. Dann rief Schwester Ulrike nach den Kindern. Da lief der Junge los und die zwei Mädchen hinterher. Alle sprangen auf Ulrikes Arme und ich konnte mich wieder hinlegen und weiterschlafen.

Am nächsten Tag kam Schwester Gabi und brachte mir acht Rollen Toilettenpapier. Sie sagte, dass das ganze Toilettenpapier verbraucht sei, aber Gott sei Dank hatte sie noch ein paar Rollen gefunden. Ich sagte zu meiner Mutter: „Guck, ich habe nicht umsonst geträumt.“

MENSCHEN, DIE FÜR MICH IM KRANKENHAUS WICHTIG UND BESONDERS SIND

DIE STATIONSSCHWESTER

Im Krankenhaus gibt es auf meiner Station auch eine Stationsschwester. Eine Stationsschwester hat viel Arbeit im Büro mit Zetteln, Dienstplänen, Terminen und vielen anderen Sachen. Aber meistens hilft sie auch noch, die Kinder in den Zimmern zu pflegen.

Aber diese Stationsschwester Angelika ist ganz anders. Als ich zum ersten Mal hier her kam, und das ist schon lange her, sah ich zuerst Angelika. Sie war ganz nett und hat sich gleich um mich gekümmert. Wenn ich Schmerzen hatte oder Angst, hat sie mir immer dabei geholfen. Wenn ich mal was brauchte, hat sie es mir gleich gegeben. Das fand ich sehr nett, sie hat mich sehr glücklich gemacht. Natürlich sind die anderen Schwestern auch sehr nett, aber für mich ist Angelika keine Stationsschwester, für mich ist Angelika ein Engel. Bei ihr ist es wie im Paradies.

Angelika lacht immer und wenn sie ganz doll lacht, höre ich sie auch wenn sie ganz vorne auf der Station ist und ich ganz hinten bin (und die Station ist ganz groß). Dann weiß ich gleich, dass es Angelika ist.

Immer wenn meine Mutter Hilfe braucht, geht sie gleich zu Angelika, weil sie weiß, dass Angelika ihr bestimmt hilft.

Ich finde, Angelika muss Kinder haben, schade dass sie keine hat.

Wenn Angelika Spätdienst hat und morgens wiederkommen muss, geht sie eigentlich um 20.00 Uhr. Aber was macht Angelika? Sie bleibt bis 23.00 Uhr. Sie ist so nett, dass sie alles selber macht. Und wenn es ganz viel zu tun gibt, dann macht sie alles durcheinander. Ich sitze dann im Bett und sage: „Angelika, warum kannst du nicht pünktlich nach Hause gehen? Mach mal die Sachen der Reihe nach.“ Angelika antwortet dann: „Immer mache ich alles falsch.“ Aber das wollte ich damit nicht sagen. Ich meinte damit nur, dass sie eine sehr gute Schwester ist, aber auch mal nach Hause gehen sollte, um zu schlafen.

Und jedes Mal, wenn ich einen Termin im Krankenhaus habe, kommt Angelika schnell angelaufen, umarmt mich, meine Mutter und gibt mir ein Küsschen ins Ohr oder auf die Wange. Das ist immer sehr laut.

Wenn sie mal ein Baby sieht, dann sagt sie immer: „Süßi Baby“.

Wenn Angelika nicht in diesem Krankenhaus wäre, dann wäre das wie eine Wiese ohne Blumen, denn ohne Angelika wäre das Krankenhaus langweilig. Dann wäre da keiner, der immer und so laut lachen würde.

Wenn mich einer fragt, wer Angelika ist, dann sage ich: „Eine Schwester, die immer lacht und im Gesicht strahlt.“

Wenn Angelika Zeit hat, dann bleibt sie ganz lange bei mir. Wenn die Schwestern Schwierigkeiten haben, ist sie gleich da um zu helfen.

Das ist die gute Angelika. Ich wünsche mir sehr, dass Angelika auch mal pünktlich nach Hause gehen kann. Und das sie für immer hier arbeitet und nicht weggeht. Wenn jemand sie rausschmeißen würde, dann wäre ich beim Chef und würde Angelika wiederholen.
Ich hoffe, wenn Angelika das liest, muss sie nicht anfangen zu weinen. Aber so wie ich sie beschrieben habe, so ist sie wirklich. Angelika ist ein Sonnenschein.

DER STATIONSARZT

So wie es eine Stationsschwester gibt, gibt es auch einen Stationsarzt. Er heißt Dr. Heckmann. Der ist eigentlich fast immer da, außer, er hat Urlaub oder er macht etwas anderes. Aber eigentlich ist er immer da.
Ich habe über Prof. Huppertz und über den Oberarzt Dr. W. ja was lustiges geschrieben, aber bei diesem Stationsarzt Dr. Heckmann ist es was körperlich Witziges. Er sieht nämlich aus wie ein Weihnachtsmann. Er hat jetzt schon einen weiß-grauen Vollbart und genau solche Haare. Er hat auch einen kugeligen Bauch. Was ihm noch fehlt: eine rote Zipfelmütze, ein roter Mantel, eine rote Hose und schwarze Stiefel. Eigentlich hat ein Weihnachtsmann ja auch einen Sack voller Geschenke, um die Kinder zu erfreuen. Aber Dr. Heckmann bringt seine Geschenke so mit. Es sind Methoden, die den Kindern helfen, wieder gesund zu werden. Er lächelt immer. Dabei sieht er süß aus, und er freut sich immer, wenn es mir gut geht. Er macht viel für mich und forscht nach Dingen, die mir gut tun. Ich danke ihm sehr und hoffe er findet ein Medikament, das schneller wirkt und wodurch vielleicht die Hälfte meiner Krankheit weggeht. Er hat bei mir schon viel ausprobiert. Es hat aber immer sehr lange gedauert. Aber er bleibt der Stationsweihnachtsmann.

DIE EINZIGE SCHWESTER

Neben der Stationsschwester gibt es noch eine andere Schwester, die ich besonders gerne mag. Sie heißt Schwester Karena.
Als ich sehr, sehr schwer krank war, war Schwester Karena immer da, um mir Mut und Hilfe zu geben. Sie hat immer gesagt: „Wir schaffen es." Die Krankheit kam, aber wir haben uns immer durchgekämpft. Mit ihr habe ich Höhen und Tiefen überstanden. Sie hat mich nie im Stich gelassen. Sie ist eine sehr, sehr gute Schwester. Wir beide finden immer Dinge, über die wir sehr doll lachen können. Einmal bin ich mit Schwester Karena in einem Transportauto zu einer Untersuchung gefahren. Der Fahrer hat so doll auf das Gaspedal gedrückt, dass wir dachten, wir fahren 200 kmh. Aber in Wirklichkeit waren es nur 20 kmh. Darüber haben wir sehr doll gelacht. Auf dem Rückweg hörte es sich dann so an, als ob lauter Enten unter dem Auto wären.
Schwester Karena ist für mich ein Schatz. Sie ist immer für mich da. Wir beide sind ein gutes Team, das man nicht trennen kann. Schwester Karena kennt mich so gut, dass sie immer weiß, was ich brauche oder möchte. Vielleicht, wenn ich Schwester Karena hier nicht kennen gelernt hätte, hätte ich meine Krankheit nicht so gut überstanden. Sie macht ihre Sache sehr gut. Gut, dass sie eine Krankenschwester geworden ist.
Schwester Karena hat mir mal erzählt, dass sie mal von einem Hochhaus fliegen möchte. Ich hoffe sie fliegt mal wie ein Vogel und ich fliege mit ihr mit. Und dann fliegen wir durch die Gegend und lachen ganz doll. So ist Schwester Karena. Sie ist ein Herz und eigentlich wie eine zweite Mutter für mich.

DER OBERARZTCHIRURG

Ich habe auch einen Oberarztchirurg, Dr. Leutner. Den kenne ich schon seit vier Jahren. Als ich eine schlimme Krankheit hatte, hat er mich immer operiert. Aber Gott sei Dank ist das jetzt vorbei. Und seit dem sagen die Schwestern immer, wenn er kommt: „Dein Freund ist da." Dann weiß ich immer, dass er es ist. Er ist ganz freundlich und sehr nett. Er gehört zu denen, die ich sehr mag. Er strahlt immer im Gesicht, er kann nicht böse sein. Er sieht einfach immer nett aus und hat gute Laune.
Und immer, wenn er zu mir kommt, sagt er: „Hallo Ebru, wie geht es dir?" Einmal kam er rein und sagte: „ Ebruuu, Ebruuu, Ebruuu." Ich sagte: „Ja, so heiße ich." Er antwortete: „Ja, das weiß ich." Und wenn er mich mal operiert hat und

ich Angst habe, kann ich ihn immer anrufen. Er kommt dann zu mir. Er ist ein guter und ein sehr eleganter Chirurg. Ich hoffe aber er operiert nicht mehr soviel an mir. Aber wenn es gemacht werden muss, dann soll Dr. Leutner es machen.
Er ist einfach perfekt.

PROF. HUPPERTZ UND DER OBERARZT DR. W.

Ich war in meinem Krankenzimmer, es war Freitag. Denn freitags ist immer Visite. Visite heißt, dass alle Ärzte kommen. Auch der Professor ist immer freitags dabei. An den anderen Tagen ist nur ein Arzt dabei. Sie fragen mich dann, wie es mir geht und bereden, was sie mit den Medikamenten machen wollen.
So, jetzt fängt das Witzigste an.
Der Prof. Huppertz kommt mit dem Oberarzt Dr. W. in mein Zimmer. Er redet mit mir und fragt, wie es mir geht. Und wenn er mit reden fertig ist, sagt er immer: „Ja, so machen wir das." Das ist immer sein letztes Wort. Ich hab mal überlegt, ob ich ihn mal frage: „Machen wir es so?" und er soll dann ant-

worten: „ Ja, so machen wir es." Ach ja, da ist noch was. Er sagt auch immer. „Haben Sie noch Fragen?" Ich muss immer, wenn er kommt, sehr lachen, weil ich schon weiß, dass er es wieder sagen wird.
Wenn er mit „Ja, so machen wir es" fertig ist, sagt er zu mir: „Soll ich jetzt gehen?" Ich sage dann: „Muss du doch wissen." Es hat mich eigentlich gewundert, warum er diese Frage überhaupt gestellt hat, da er eigentlich auch andere Sachen zu tun hat. Er konnte eh nicht bei mir bleiben. Aber danach hat er noch mal nachgedacht, warum er diese Frage gestellt hat.
Und bei dem Oberarzt Dr. W., sehe ich immer, wenn ich in sein Gesicht gukke, dass er so komische Mundbewegungen macht, wenn er mit mir redet. Das sieht so aus wie ein Frosch, der Fliegen fängt. Und er redet und redet. Dabei vergisst man schon die Frage, die man ihm gestellt hatte.
Deshalb finde ich die beiden sehr lustig und wollte es euch erzählen.

DIE ERZIEHERIN

Als ich mal im Krankenhaus war, war vor Karen Anne da. Anne sagte zu mir: „Ich mache eine andere Arbeit, dafür kommt Karen jetzt. Karen ist eine sehr liebe und lacht auch immer wie ich.“

Danach kam Karen auch. Ich fand sie erst mal auch ganz nett, obwohl ich sie nicht lange kannte.

Danach sind wir in eine neue Station eingezogen und ich ging immer in den Spielraum, wo Karen war. Ich erzählte ihr immer, was ich im Krankenhaus und in der Schule Witziges erlebt hatte. Dann lachten wir beide immer sehr. Wenn ich nicht in den Spielraum kommen konnte, kam Karen zu mir ins Zimmer und hat mir immer so Bastelsachen und andere Dinge gebracht, damit mir nicht langweilig wurde. Das fand ich sehr nett von Karen. Immer, wenn mir langweilig war, sagte ich zu den Schwestern, dass sie Karen fragen sollten, ob sie Zeit hätte. Wenn Karen Zeit hatte, dann ist sie auch immer gekommen. Karen ist eine sehr Liebe.

Und jetzt bastel ich nicht mehr, jetzt schreibe ich immer Geschichten.

Wenn Karen sagt: „Ich habe jetzt Urlaub“, dann bin ich sehr traurig. Obwohl das für sie eigentlich sehr schön ist. Ohne Karen macht es mir keinen Spaß. Da habe ich auch keine Lust, in den Spielraum zu gehen, wenn sie nicht da ist, denn mit den anderen macht es mir nicht so einen Spaß wie mit Karen. Wenn ich auch mal Probleme habe mit irgendwas, dann findet Karen immer gleich eine Lösung und hilft mir dabei.

Wenn Karen wieder vom Urlaub zurück kommt, dann freue ich mich sehr.

Karen hat auch mal gesagt, wenn es mir gut geht, holt sie mich mit ihrer Schwester von zu Hause ab und ich darf dann auf ihrem Pferd reiten.

Karen ist eine Fee.

ALLE SCHWESTERN

Im Krankenhaus gibt es natürlich auch Schwestern – ist ja klar! Die Schwestern machen immer in einem Raum Übergabe. Übergabe bedeutet, dass sie über die kranken Kinder sprechen und überlegen, wer welches Kind betreut. Aber manche von den Schwestern mag ich nicht so gerne. Wenn ihr fragt warum, sage ich es euch nicht. Sonst weiß diejenige, wer es ist. Aber manche mag ich sehr gerne. Und Gott sei Dank sind selten Schwestern gekommen, die ich nicht so mochte. Schwestern die ich nicht so mochte, sind trotzdem nett zu mir. Außerhalb der Kinderklinik mag ich ja auch nicht alle Menschen. Die Schwestern die ich schon lange kenne und die mich sehr gut kennen, mit denen kann ich meistens besser lachen und reden.
Wenn ich im Krankenhaus bin, dann möchten mich viele Schwestern gerne betreuen. Als Schwester ... mal ein paar Tage nicht da war, betreute mich Schwester Gabi. Danach hat Schwester ... zu Schwester Gabi gesagt: „Ich mache Ebru." Da antwortete Schwester Gabi: „Kommt nicht in Frage, ich mache Ebru weiter."
Mit einigen Schwestern habe ich mich auch schon gestritten. Manche sagen auch, dass man sich mit mir nicht streiten kann, weil ich schnell was Witziges sage und man dann schon wieder lachen muss. Wenn es mir sehr gut geht, merken die Schwestern das, weil ich soviel Quatsch mache. Aber wenn es mir sehr schlecht geht und ich Schmerzen habe, dann muss ich auch mal schreien und weinen. Dann schreie ich auch mal eine Schwester an, die ich eigentlich sehr gerne mag. Das mache ich nicht mit Absicht. Einmal habe ich das bei Schwester Nina gemacht, da hat sie gedacht, ich mag sie nicht mehr. Als es mir wieder gut ging, sagte sie: „Sind wir wieder Freunde, vertragen wir uns?" Ich habe geantwortet: „Wir haben uns doch gar nicht gestritten. Nur wenn es mir schlecht geht, muss ich mal schreien." Da sagte Schwester Nina: „Eigentlich hast du Recht." Da haben wir beide gelacht.
Wenn ich mich abends fertiggemacht habe und ins Bett gehe, frage ich die Schwestern, mit denen ich gut reden und lachen kann, ob sie nach ihrer Arbeit, wenn sie Zeit haben, noch zu mir kommen können. Wenn sie schnell mit der Arbeit fertig sind, bleiben sie immer noch bei mir. Nur manchmal sind sie so kaputt, dass sie nach Hause möchten. Wenn sie nach Hause gehen, frage ich die Nachtschwestern, ob sie bei mir bleiben. Einmal habe ich mit Schwester Sabrina im Fernsehen „Popstars" geguckt, und sie musste dabei auch noch ein Baby füttern. Danach hat sie mir auch noch meine Füße gekrault. Das machen alle Schwestern, die ich mag. Das tut immer sehr gut, und ich entspanne mich.

So, dass war es mit den Schwestern. Was jetzt noch passiert das werde ich ja sehen.
Ich bin froh, dass es diese Schwestern gibt. Mit ihnen kann man sich unterhalten und Spaß haben. In traurigen Augenblicken kriegen sie auch Tränen in den Augen. Ich hoffe sie bleiben immer hier.

BERFIN, DIE KLEINE SCHWESTER

Im Krankenhaus habe ich eine Zimmerfreundin gehabt. Mit ihr bin ich immer noch in Kontakt. Wenn sie einen Termin im Krankenhaus hat, kommt sie mich immer besuchen natürlich mit ihrer Mutter. Die Freundin heißt Berfin und ist sieben Jahre alt. Ihre Mutter heißt Funda. Sie kommen aus einer anderen Stadt. Sie hat noch einen kleinen Bruder, er heißt Berkay, ist sechs Jahre alt, und einen Vater. Er heißt Iskender.
Berfin und ihre Mutter sind immer ganz lieb zu mir. Ich mag sie ganz gerne. Wenn sie mich besuchen kommen, reden wir immer viel miteinander. Berfin mag meine Geschichten und Gedichte und versucht sie zu lesen. Ihre Mutter ist immer ganz witzig. Natürlich ist Berfin auch ganz witzig. Sie sagt immer zu mir, wenn ich mal gepupst habe: „Ups, ein kleiner Pups." Dann lachen wir immer.
Ich hoffe, dass sie einen Termin im Krankenhaus hat, wenn ich hier bin, damit ich sie dann treffen kann, denn jetzt bin ich nicht mehr alleine. Jetzt habe ich eine Zimmerfreundin, die auch immer mal wieder kommen muss. Eigentlich ist das ja nicht schön, aber es muss sein, wegen ihrer Krankheit. So wie bei mir.
Berfin ist so wie meine kleine Schwester. Weil ich in Wirklichkeit keine kleine Schwester, sondern einen großen Bruder habe.
Berfin ist ein sehr süßes und nettes Mädchen. Das hat sie bestimmt von ihrer Mutter, weil die auch nett ist. Jetzt ist sie auch eine Kartoffel geworden, wie ich, und keine Wurst mehr.
Ich wollte schon immer eine kleine Schwester haben und die habe ich jetzt. Darüber bin ich sehr froh.

DIE PUTZFRAU – FREUNDIN

Als die Station 1 neu gebaut wurde, habe ich die Putzfrau Nuray kennen gelernt. Jetzt sind wir gute Freunde und mit meiner Mutter ist sie auch befreundet. Jedes Mal, wenn ich im Zimmer bin, kommt sie rein, putzt mein Zimmer, und wir unterhalten uns dabei. Sie ist eine sehr Liebe, begrüßt mich und lacht mich immer an. Die anderen Putzfrauen sind nicht so. Wenn ich gerade mal schlafe oder Besuch habe, nimmt sie immer Rücksicht und kommt später rein, weil sie nicht stören will. Das ist sehr nett von ihr.
Sie hat mir auch schon mal CD's zum hören mitgebracht und andere Überraschungen. Manchmal erzählt sie mir auch was von ihren Kindern.
Sie kann am besten putzen!
Wenn sie sich mit mir unterhält, kommt sie auch mal später nach Hause. Aber das ist nicht schlimm für sie. Deswegen ist sie meine Putzfrau-Freundin, weil sie immer mein Zimmer sauber macht und sich mit mir unterhält. Sonst wäre mir in der Zeit immer langweilig.

WITZIGE GESCHICHTEN AUS DEM KRANKENHAUS

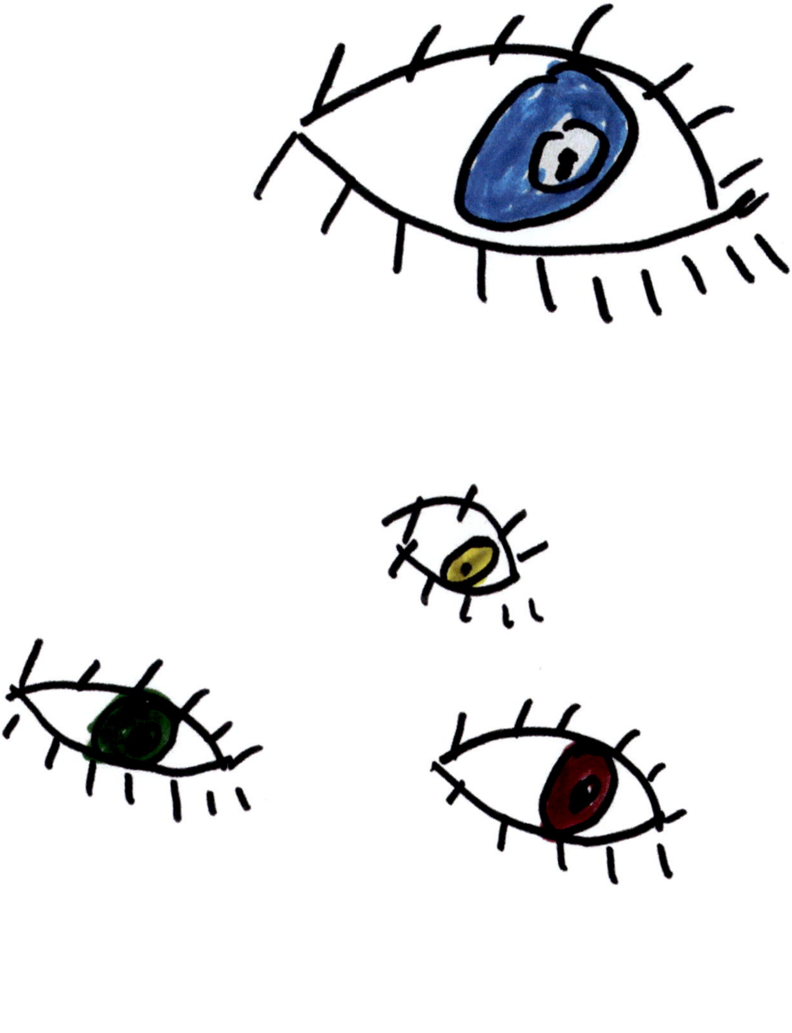

DAS GOLDENE LENKRAD

Eines Tages kam Schwester Karena zu mir und sagte: „Ich habe die Fahrbereitschaft angerufen", und dabei hat sie ganz doll gelacht. Ich fragte sie, warum sie so doll lachen würde. Sie sagte zu mir: „Ich habe dort bei dem Transportfahrer angerufen und einen Transport für Ebru Pek bestellt." Sie erzählte mir dann, dass die Fahrer gelacht hätten und sagten: „Ebru ist die Patientin, die wir am meisten fahren. Sie muss das „goldene Lenkrad" bekommen."
Aber leider warte ich noch heute auf diese Auszeichnung.

DIE SCHWESTER MIT DER TASCHENLAMPE

Es war 12.00 Uhr nachts und weil ich nicht so müde war, konnte ich nicht richtig schlafen.
Immer um 24.00 Uhr muss das Antibiotikum an den Tropf. Jedes Mal, wenn Schwester Bärbel kommt, summt sie dabei und fragt mich: „Warum schläfst du nicht ein?"
Ich sage: „Weil du immer summst, wie soll ich da schlafen?". Dann sagt Schwester Bärbel: „Ich muss immer summen, weil es mir Spaß macht."
Da sagte ich: „Na gut, wenn das so ist, dann kann man ja nichts daran ändern."
Danach fragte ich sie, ob sie das Licht vor dem Flur ausmachen könnte. Sie antwortete: „Wenn ich das Licht ausmache, wie soll ich dann durch den Flur gehen?" „Dann lauf doch mit einer Taschenlampe rum."
Da antwortete Schwester Bärbel: „Ich bin doch nicht bekloppt und renne mit der Taschenlampe rum." Ich erwiderte: „Man muss doch nicht bekloppt sein, um mit einer Taschenlampe durch den Flur zu gehen. Das wäre für mich nämlich angenehmer, da könnte ich besser schlafen."
Sie machte das Licht aus, aber sie hatte noch etwas Licht und musste nicht mit der Taschenlampe rumlaufen.
Und danach piepte mein Tropf. Ich war sehr wütend, weil Schwester Bärbel nicht so schnell kam und ich meckerte rum. Da sagte sie: „Sag mal, spinnst du?"
Ich antwortete: „Du spinnst vielleicht."

Aber wisst ihr was, mit Schwester Bärbel mache ich immer solche Späße. Sie hat mich auch schon mal mit einer Spinne erschreckt. Aber das war nicht so schlimm.

DIE TOILETTE

Heute Abend musste ich auf die Toilette gehen und hatte den Tropf dran. Die Schwester sagte, ich müsste Antibiotika kriegen. Aber ich sagte, ich müsste zuerst auf die Toilette gehen und das könnte sehr lange dauern, bis ich wieder rauskommen würde. Die Schwester sagte, ich müsste jetzt warten, sie würde das Antibiotikum holen.
Trotzdem ging ich dann auf die Toilette und schloss die Tür ab. Danach kam die Schwester wieder. Da saß ich aber schon auf der Toilette. Die Schwester sagte: „Mach die Tür auf, ich muss rein und das Antibiotikum dran machen."

„Ich habe es dir eben gesagt. Ich mach nicht mehr die Tür auf. Ich mache gerade mein Geschäft und will nicht gestört werden." Die Schwester zwang mich aufzustehen und die Tür aufzumachen. Ich sagte: „Halloo????, ich scheiß hier gerade, wie soll ich aufstehen und die Tür aufmachen???" Da ließ sie mich in Ruhe und ging. Ich dachte „Gott sei Dank ist sie weg, und ich kann in Ruhe mein Geschäft machen.
Seht ihr, sogar im Krankenhaus kann man nicht mal Ruhe auf der Toilette haben.

DIE FÜSSE

Ich war in meinem Zimmer und saß auf der Bettkante. Meine Füße baumelten nach unten. Mir war sehr langweilig und ich wusste nicht, was ich machen sollte.
Auf einmal kam eine Praktikantin herein. Sie hieß Oksana. Ich sagte zu ihr: „Oksana, kannst du meine Füße cremen?" Sie antwortete: „Ja, gerne mach ich das doch." Ich unterhielt mich mit ihr. Wir haben über unsere Zukunft geredet, dabei hat sie immer meine Füße eingecremt.
Dann ging sie wieder und nach ein paar Stunden kam sie wieder, und cremte und kraulte wieder meine Füße. Das ging immer so weiter. Bestimmt fragt ihr, was morgen ist. Es ist dasselbe. Sie ist immer an meinen Füßen. Jedes Mal, wenn sie kommt, cremt und krault sie meine Füße. Das ist immer sehr angenehm. Sie ist ein Profi beim Eincremen. Sie ist sehr nett, aber leider geht sie zum Studium.
So eine nette Praktikantin habe ich noch nie erlebt. Aber sie will mir schreiben und mit mir telefonieren.
Deshalb heißt die Geschichte „Die Füße", weil Oxana sich immer, wenn sie kam, um sie gekümmert hat. Das werde ich nie vergessen.

DAS KOMISCHE LIED

Wie ihr euch denken könnt, war ich wieder in meinem Zimmer. Im Krankenhaus ist man oft in seinem Zimmer.
Aber dieses Mal saß ich auf dem Tisch und hatte Langeweile. Ich wollte dann eine Kassette hören, die hieß „Cinderella". Ich hörte sehr genau zu. Auf einmal kam eine Stelle an der ich sehr doll lachen musste. Cinderella hat mit dem Prinzen getanzt und dabei mit ihm ein Lied gesungen. Das Lied war ein Liebeslied, aber ich musste sehr darüber lachen.
Dann habe ich das Stück vom Lied selber gesungen und habe es fast jedem vorgesungen.
Es ging so: „Iiiiisch sehe Diiisch und fraaaage Diiisch, waaas fraaagst du miiisch ..." Am lustigsten fand ich das mit dem Prinzen, als er antwortete. Er sang: „Waas fraaagst du miiisch."
Vielleicht ist es jetzt nicht so lustig. Lustiger wäre es, wenn ich es euch richtig vorsingen würde. Aber vielleicht habt ihr ja auch die Cinderella – Kassette. Auf jeden Fall fand ich es sehr lustig.

DIE KAREN, DIE IMMER „YES" SAGT

Im Krankenhaus gibt es auch einen Spielraum. Wenn es mir gut geht, gehe ich dort hin. Einmal setzte ich mich dort auf einen Stuhl und fragte Karen, die dort arbeitet, ob wir ein Spiel spielen könnten.
Dann haben wir angefangen zu spielen und Karen hat gewonnen und sagte immer „Yes, yes, yes."
Jedes Mal, wenn ich mit ihr spiele sagt sie das. Aber meistens gewinne ich.

BEIM OHRENARZT

Die Schwester Nina und ich mussten einmal noch nach der Augenklinik zum Ohrenarzt. Wir gingen da hin und mussten dort warten. Ich sagte zu Schwester Nina: „Frag mal, wann wir endlich mal drankommen." Und da riefen sie uns auf einmal auf. Ich sah den Arzt, der sah irgendwie komisch aus. Er nahm mich nie ernst, sondern machte immer nur Spaß mit mir. Das hat mich genervt. Er fragte mich: „Was für Beschwerden hast du im Ohr?" „Die beiden Ohren

jucken immer ganz doll. In einem Ohr ist irgendwie ein Krümel", antwortete ich. Er sagte: „Ich streiche dir etwas Creme ins Ohr." Aber er hat einfach nur draußen ganz viel Creme drangemacht. Ich sagte: „Ich habe dir doch gesagt, dass die Creme im Ohr sein soll und nicht außen." Er meinte: „Ja, dass machen wir beim linken Ohr wieder gut." Er guckte dann beim linken Ohr und holte den Krümel raus. Ich fragte ihn: „Welche Farbe hat der Krümel?" Er antwortete: „Rot, gelb, grün." Ich hatte die Frage aber ernst gemeint und er hat wieder nur Spaß gemacht. Das hat mich genervt.
Er strich dann ins linke Ohr auch Creme. Das hat sich so angefühlt, als ob er in mein Ohr reingebohrt hat. Dann hat es mir gereicht mit dem Spaß und ich habe voll gemeckert. Ich sagte zum Arzt: „Wissen sie was, sie nerven, ich komme hier nicht wieder her. Sie behandeln mich wie ein Baby." Zu Schwester Nina sagte ich: „Komm, lass uns gehen." Dann gingen wir zurück zur Kinderklinik. Unterwegs sagte ich zu Schwester Nina: „Weiß du was Nina, der Ohrenarzt ist verrückt. Der hat Probleme, der muss noch mal Ohrenpflege lernen."

DIE WIMPERN

An einem Tag musste ich mal zur Augenklinik gehen. Dort guckte der Oberarzt Dr. Ritzel in meine Augen.
Er entdeckte zwei Wimpern, die gezogen werden musste. Ich sagte: „Jedes Mal, wenn ich herkomme, musst du ein paar Wimpern ziehen." Er sagte zu mir: „Das ist doch nicht schlimm, du hast ja 1000 Wimpern an deinen Augen." Am nächsten Tag musste ich wieder da hin und er sagte: „Dieses Mal muss ich an einem Auge fünf und am anderen Auge sechs Wimpern ziehen." Ich antwortete: „O ha, das sind zusammen elf Stück!" Aber es war nur ein Scherz. Er musste nur an einem Auge drei und an dem anderen Auge zwei Wimpern ziehen. Wenn ich da wieder hingehe, sage ich ihm, dass er mein Wimpernarzt ist. Das habe ich auch am nächsten Tag gemacht.
Er fragte mich, ob das nicht wehtun würde? Ich sagte: „Natürlich tut das weh!" Er meinte, er müsste das mal bei sich selber machen, ob es wirklich wehtun würde.
Ich sagte: „Das mach mal."
Immer wenn ich jetzt zu ihm komme, sagt er „Rübe" zu mir.

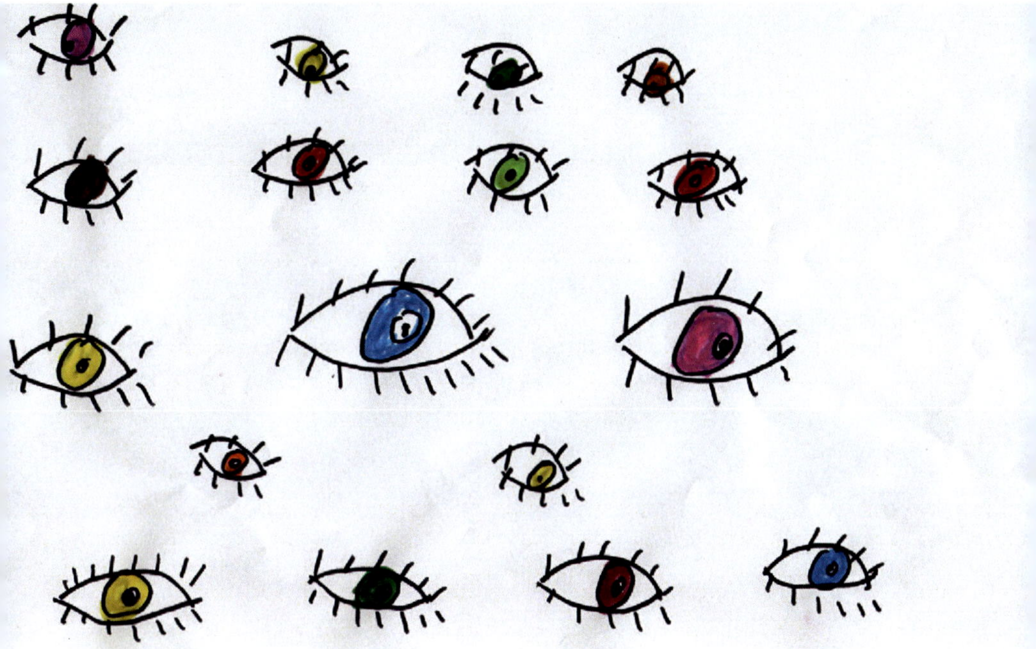

DER MONSTERKITTEL

Ich war allein in meinem Zimmer und hörte Radio. Damals hatte ich einen ansteckenden Keim. Wenn jemand zu mir reinkommen wollte, musste er sich „verkleiden“. Dazu gehörten ein langarmiger Kittel, Handschuhe, Mundschutz und eine Haube für den Kopf.
Eines Tages kam Schwester Gesa rein und sagte: „Ebru wir müssen uns jetzt verkleiden und zu einer Untersuchung fahren. Das Taxi ist schon bestellt.“ Dann verkleideten wir uns und gingen raus, und warteten auf das Taxi. Das Taxi kam, der Fahrer machte alle Fenster auf und unser Aussehen hat in sehr erschreckt. „Wer seid Ihr???“, fragte er. Ich zog eine gruselige Grimasse und sagte: „Wir sind Monster.“ Der Taxifahrer war so dumm und hat es auch noch geglaubt. Schwester Gesa meinte: „Ach Quatsch, das stimmt gar nicht. Wir mussten uns nur verkleiden, weil Ebru einen ansteckenden Keim hat.“ Der Rest der Geschichte war nicht so witzig, deshalb erzähle ich ihn nicht mehr. Nur diesen Augenblick fand ich so witzig.

DER KOMISCHE NAME

Als es Abend war, hatte Schwester Karena mich versorgt und musste dann nach Hause gehen. Ich sagte: „Kannst du ein bisschen bei mir bleiben?" Schwester Karena antwortete: „Ja, ich kann ein bisschen bleiben." Dann fragte sie mich was: „Ebru, was heißt Domus auf Deutsch?" Ich guckte ganz komisch und sagte: „Was fragst du mich das? Das heißt übersetzt – Schwein." Schwester Karena antwortete: „Ich hatte hier mal einen kleinen süßen Jungen, der so hieß. Wenn ich ihn rief, schüttelten immer alle türkischen Besucher mit dem Kopf. Ich habe mich darüber gewundert. Ich habe dann mal ein türkisches Mädchen versorgt und sie nach diesem Namen gefragt. Das Mädchen sagte, das hieße Schwein. Da war ich aber sehr erschrocken und mir tat der Junge leid. Da habe ich verstanden, warum immer alle mit dem Kopf geschüttelt haben."

Und wisst Ihr was, ich verstehe gar nicht, weshalb Eltern ihrem Kind so einen Namen geben. Schwester Karena hat das auch nicht verstanden. Ich hoffe, wenn der Junge groß ist und zur Schule geht, dass er seinen Namen ändert. Aber das werde ich nie erfahren.

DIE FRAU

Eines Tages ging ich in den Spielraum, setzte mich hin und spielte mit Karen ein Spiel. Da erzählte Brigitta Karen von einer Frau. Brigitta sagte, die Frau sei ein bisschen fleischig. Für mich hörte sich das Wort „fleischig" so an, als ob an der Frau lauter Fleischstücke von der Fleischtheke hängen würden. Ich fragte nach und Brigitta sagte, die Frau wäre etwas dicker. Da sagte ich: „Sag doch gleich, dass sie fett ist. Das hört sich besser an als fleischig. Wenn ich ehrlich sein soll, hört sich fleischig widerlich an. Das kann man sich gar nicht vorstellen."

DIE NACHT

Als ich einmal im Krankenhaus war, lag ich mit Berfin im Zimmer. Ihre Mutter war auch dabei. Eines Tages musste die Mutter weg und für sie kam für eine Nacht ihr Vater. Er kam direkt aus der Türkei ins Krankenhaus und war sehr kaputt und müde. Er guckte Fernsehen und ich war noch wach. In dem

Augenblick dachte ich, dass er hoffentlich nachts nicht schnarchen würde. Er machte dann den Fernseher aus und schlief ein. Nach ein paar Minuten hörte ich ein Geräusch. Wisst ihr was es war? Das war das Schnarchen des Mannes. Ich sagte: „Ach du Schreck. Jetzt kann ich die ganze Nacht nicht schlafen." Ich klingelte. Da kam Schwester Ulrike rein: „Was hast du?", fragte sie. „Der Vater schnarcht", antwortete ich. Aber Schwester Ulrike hörte nichts und ging. Kaum war sie raus, fing er wieder an zu schnarchen. Immer, wenn sie wiederkam, hörte er auf. Als sie zum dritten Mal wieder kam, musste ich ganz doll lachen und sie lachte mit: „Ebru", sagte sie, „lach nicht soviel, das Bett quietscht so. Das Schnarchen ist bald zu Ende."
Danach kam auch Schwester Nina: „Was ist denn hier los?", fragte sie. „Hier ist Musik" antwortete ich. Da musste sie auch lachen. Sie sagten beide: „Ebru, schlaf ein", und gingen raus. Aber ich klingelte wieder und Schwester Nina kam zurück. Ich sagte: „Nina, ich kann nicht schlafen", und sie fragte mich, ob ich über Kopfhörer Radio hören wollte. Sie brachte mir dann die Kopfhörer und ich hörte Radio. Aber dass hat es auch nicht gebracht und ich wechselte auf meinen MP3 – Player. Damit schlief ich langsam ein. Aber als das Lied plötzlich zu Ende war, hörte ich das Schnarchen in meinem MP3 – Player. Ich hab mich richtig erschrocken und dachte mein MP3 – Player spinnt. Aber Gott sei Dank kam das Schnarchen von dem Vater. Also hatte der MP3 – Player auch nichts gebracht. Naja, da musste ich mit dem Schnarchen schlafen.

DIE PUTZFRAU

Ich musste flach in meinem Bett liegen, weil ich am Tag vorher operiert wurde. Immer wenn es laut wurde, hatte ich Schmerzen. Auf einmal kam eine Putzfrau rein. Es war eine Vertretung für Nuray. Ich denke, sie konnte kein Deutsch sprechen.
Sie begann mein Zimmer sauber zu machen, aber mit vollem Krach. Dann ist auch noch ein Topf runtergefallen. Ich sagte: „Könnten sie mal bitte langsamer putzen, ich habe hier Schmerzen." Sie antwortete: „xzyslap ..." Ich sagte: „Ich verstehe sie nicht, können sie bitte deutlich reden?" Aber sie antwortete wieder so, dass ich nichts verstehen konnte. Dann sagte ich es Schwester Ingrid und sie meinte: „Sie ist gleich weg, aber sie muss das machen." Ich erwiderte: „Aber sie könnte es etwas langsamer machen, nicht so mit Krach." Aber das hat auch nichts gebracht, dann war sie schon weg. Und ich hoffe, sie kommt morgen nicht wieder.

DIE PUTZKONTROLLE

Ich war wieder mit Karen am Geschichtenschreiben, als plötzlich ein Mann und zwei Frauen reinkamen, um zu kontrollieren, wie gut die Reinigungskräfte geputzt hatten. Ich fragte: „Haben die nicht gut geputzt?“ Sie antworteten: „Sie haben gut geputzt, mache dir keine Sorgen.“ Aber das stimmte nicht, denn die Reinigungskräfte kamen wieder rein, um noch mal zu wischen. Ich fragte: „Warum seid ihr hier? Habt ihr nicht gut geputzt?“ Sie antworteten:„Scheinbar nicht“ „Oh ha“ sagte ich. Es waren aber zwei Vertretungskräfte, die auch noch andere Stationen putzen mussten. Zu Karen sagte ich: „Irgendwie stinkt es hier.“ Karen sagte: „Das ist das Putzmittel, es riecht wie beim Zahnarzt.“ Ich sagte: „Nein, es riecht nach Schweiß.“ Als die Reinigungskräfte weg waren, fragte Karen mich, ob der Boden so riechen würde oder die Reinigungskräfte. Ich sagte: „Ich glaube die Reinigungskräfte.“
Manchmal benutzen sie zuviel von dem Putzmittel, dann klebt der ganze Boden. Das ist schrecklich. Wenn Nuray hier wäre, würde sie es bestimmt besser machen.

KARTOFFEL & WURST

Als ich in einem großen Zimmer war, lag noch ein anderes Mädchen bei mir. Sie hieß Berfin. Ich mochte sie sehr gerne. Sie war auch eine Türkin und hatte eine ganz nette Mutter. Sie war etwas jünger als ich, aber wir haben uns alle gut verstanden.
Als ihre Mutter einmal zum Einkaufen ging, war meine Mutter da.
Berfin und ich haben immer gleichzeitig gegessen und mussten gleichzeitig auf die Toilette.
Berfin war etwas schlanker als ich und ich sagte: „Berfin, wir essen beide soviel, du bist wohl eine Kartoffel.“ Sie antwortete: „Nein, ich bin eine Wurst und du bist eine Kartoffel und deine Eltern sind Hühner und meine Eltern sind Katzen.“ Da sagte ich, dass ich darüber eine Geschichte schreiben werde, die dann „Kartoffel & Wurst“ heißen wird.
Als ihre Mutter wiederkam, erzählten wir ihr, was wir uns ausgedacht hatten. Da sagte sie: „Dann esse ich euch beide auf.“ Da lachten wir alle zusammen. Auch jetzt begrüßen wir uns noch mit Wurst und Kartoffel.
Einige Zeit später war Berfin wieder da und kam mich abends mit ihrer Mutter besuchen. Sie erzählten mir, dass Berfin jetzt keine Wurst mehr sei,

sondern auch eine Kartoffel. Berfin sagte: „Eigentlich heißt die Geschichte jetzt „Die zwei Kartoffeln."
Darauf sagte ich: „Das war damals so, jetzt hast du dich geändert, aber ich bin immer noch eine Kartoffel."

KOMISCHE GERÄUSCHE

Ich saß in meinem ... und Karen schrieb meine Geschichten auf, die ich ihr diktierte. Karen schrieb und schrieb mit einem Bleistift. Dann fing sie auf einmal an zu klopfen. Ich habe mich gewundert, warum es so klopft. Erst dachte ich, sie macht einen Punkt. Aber dafür klopft man ja nur einmal, aber das Klopfen war viel öfter zu hören. Ich fragte Karen, warum sie immer klopfen müsse, ob sie nicht besser schreiben könne. Da sagte sie: „Ebru, die Mine meines Bleistifts ist schon so stumpf, dass ich auf den Grundmauern schreibe." Gott sei Dank hat der Stift noch gehalten, bis die Geschichte zu Ende war.

MITTAGESSEN

Im Krankenhaus mag ich nicht alles essen, was es zu Mittag gibt. Am besten schmecken mir die Fischstäbchen. Deshalb bestelle ich fast jeden Tag Fischstäbchen.
Heute war Schwester Ingrid für mich zuständig. Sie fragte mich, was ich am nächsten Tag essen wollte. Und ich sagte: „Ich möchte morgen Fischstäbchen essen." Da lachte Schwester Ingrid sehr laut und sagte mir: „Ebru, nicht, dass ich morgen komme, und du sitzt hier mit Flossen rum." Da lachten wir beide zusammen.
Außerdem frage ich immer, wie die Fischstäbchen aussehen. Je nach dem, wie sie aussehen, geben die Schwestern ihnen Noten. Z.B. bedeutet eine eins, dass das Fischstäbchen ganz braun ist. Und eine vier, wenn es ganz hell ist. Am liebsten esse ich die Fischstäbchen mit der Note zwei.

DER DURCHEINANDER – TAG

Ich sage euch dieses Mal nicht wo ich war, dass müsst ihr selber raten. Ich gebe euch nur einen Tipp. Ich war in meinem remmiz in dem tteb. Als ich mit Karen geredet habe, kam Gertrud, die Physiotherapeutin, um meine Lymphknoten zu massieren. Sie musste auch an meinem Fuß massieren, weil er etwas dick war. An dem Tag musste ich aber auch in die Augenklinik, das war alles sehr knapp. Um 10.30 Uhr sollte der Transport kommen. Karen war schon um 10.00 Uhr da und Gertrud kam ein bisschen später. Sie fing mit dem Hals an und ich sagte schon: „Gertrud, ich muss mich noch anziehen." Sie sagte: „OK", aber ging trotzdem zu meinem Fuß. Ich drängelte wieder: „Gertrud, ich muss mich anziehen!" Aber Gertrud hörte nicht auf mich und machte immer schön ruhig weiter. Ich fand es auch sehr angenehm, es war auch sehr wichtig, aber ich musste ja auch zur Augenklinik. Als sie dabei war, meinen Fuß zu massieren, kam schon der Transport. Aber die Männer vom Transport sind ganz lieb. Sie heißen Nils und Michael. Ihre Spitznamen sind Nili und Michi. Sie sind sehr witzig. Sie machen immer Spaß mit mir und muntern mich auf. Sie reden auch mal türkisch mit mir. Das sind die einzigen netten Männer, weil sie immer warten. Aber gestern mussten sie sehr lange warten, weil Gertrud mich nicht loslassen wollte. Sie kamen und sagten: „Lass dir Zeit." Aber ich sagte: „ Ich muss jetzt wirklich zur Augenklinik, doch Gertrud ist noch an meinen Füßen. Ich habe es jetzt schon ein paar Mal gesagt, aber sie macht in Ruhe weiter. Sie ist ganz auf meine Füße konzentriert, weil sie sich Sorgen gemacht hat." Da kam auch schon Schwester Kathrin und sagte: „Jetzt müsst ihr aber wirklich los." Ich antwortete: „Ja, aber Gertrud lässt mich nicht los." Nils behielt die Ruhe, entspannte sich im Verlegungswagen und machte keinen Stress. Da sagte ich es noch ein letztes Mal, nun ließ Gertrud mich los. Dann zog ich mich an, machte mich fertig und fuhr mit Schwester Anette, Nils und Michael in die Augenklinik.

Ich sagte zu Karen: „Schade, jetzt muss ich gehen, es dauert bestimmt lange in der Augenklinik". Karen antwortete: „Naja, vielleicht geht es ja heute mal schneller." Und tatsächlich war ich nach einer halben Stunde wieder da und Karen kam noch mal für 10 Minuten vor ihrem Feierabend.

DIE GUTE NACHT

Als ich einmal abends noch nicht einschlafen konnte, kam Schwester Renate und fragte mich, ob ich etwas brauche. Ich antwortete: „Nein, ich brauche

nichts mehr." „Dann wünsche ich dir einen schönen Schlaf gut." Ich sagte daraufhin: „Das heißt nicht so, das ist typisch deutsch. Es heißt, ich wünsche dir eine gute Nacht." Aber Schwester Renate hat es einfach nicht hingekriegt. Sie sagte, sie wäre zu alt, das zu sagen. Ich antwortete: „Ach, Renate, du bist auch so eine, das ist doch pipi einfach. Sage einfach „gute Nacht und schlaf gut". Als sie ging, sagte sie dann: „Ebru schlaf gut, gute Nacht, tschüß."
Als sie weg war, habe ich erst mal gelacht, weil ich es so witzig fand.

ICH UND MEIN BETT

Ich war in meinem Zimmer auf meinem Bett. Leider kann ich nichts anderes schreiben, weil ich so oft in meinem Bett bin. Ich erzählte Karen gerade von meinen neuen Geschichten, da fiel mir auf, dass ich in fast allen Krankenhausgeschichten auf meinem Bett sitze.
Da meinte Karen: „Wir müssen wohl mal spazieren gehen, damit du was anderes schreiben kannst." Ich lachte dann. Aber trotzdem fing diese Geschichte wieder im Bett an.
Ich war mitten beim Erzählen, da kam Christine rein. Sie sortiert immer den Wagen, der in jedem Zimmer steht und auf dem Pampers, Handtücher, Nierenschalen, Einmalwaschlappen, Nachthemden etc. liegen. Plötzlich ging das Licht aus, dann wieder an und kurze Zeit später wieder aus. Wir dachten alle, huch, was ist denn jetzt los? Ich fragte: „Warum geht das Licht immer an und wieder aus?" Da sagte Karen: „Weil Christine immer mit dem Wagen an den Lichtschalter kommt." Da haben wir alle gelacht.
Schwester Kathrin, die mit im Raum war, sagte dann, sie ginge jetzt frühstücken sonst würde sie hier noch in Ohnmacht fallen. Ich sagte: „Das würde mich eigentlich ein bisschen freuen, weil ich dann eine neue Geschichte gehabt hätte."
Kurze Zeit später klingelte ich und Schwester Karin kam. Ich fragte sie, ob sie mir eine neue Wärmflasche machen könnte. Sie sagte: „Ja, haben wir hier denn welche, hast du eine eigene oder wo sind die hier?" Ich antwortete: „Na, hier in meinem Schoß." Da lachten wir alle zusammen und sie ging los, um das Wasser zu kochen.
Bis auf das, dass nebenan Bauarbeiten stattfanden und ordentlich gehämmert wurde, was auch sehr nervte, passierte nichts Witziges mehr.

DIE OHREN

Ich sage es heute nicht, wo ich war. Ich gebe euch aber den Anfangsbuchstaben, es ist ein B.... Den Rest wisst ihr sicher. Als ich da saß, kam Gertrud. Gertrud macht bei mir immer Lymphdrainage. Man hat überall Lymphknoten, sogar hinter den Ohren.
Karen war natürlich auch dabei. Dann fing Gertrud an meinem Hals zu massieren. Als sie an die Ohren ging, haben wir uns alle über mein Buch unterhalten. Zu der Massage gehörte auch, dass Gertrud meine Ohren umdrehte. Und plötzlich war sie so auf das Reden konzentriert, dass sie meine Ohren zuhielt. Das hat sie aber nicht gemerkt, aber ein anderer hat es gemerkt und das war ich! Ich sagte: „Ich kann nicht mehr hören." Da antwortete Gertrud: „Warum kannst du nicht mehr hören?" „Weil du meine Ohren zu hältst", sagte ich. Da sagte Gertrud: „Huch!", und dann haben wir alle ganz doll gelacht und konnten uns nicht mehr einkriegen.
Als wir heute diese Geschichte aufschrieben, kam Gertrud wieder. Genau an der Stelle, wo Karen schrieb ... da kam Gertrud. Da lachten wir schon wieder.
Immer wenn Gertrud jetzt kommt, sage ich: „Mach mir bitte nicht die Ohren zu."

DIE VISITE

Nachdem Prof. H. und Oberarzt Dr. W. meine Geschichte über sie gelesen hatten, waren sie sehr begeistert. Der Prof. H. kam zu mir in mein Zimmer und sagte mir, dass er es gut findet, dass ich Geschichten schreibe und dass er es nicht schlimm findet, was ich über ihn geschrieben habe. Ich habe erst gedacht, wenn er es liest und weiß, dass ich immer auf sein letztes Wort warte, wird er es jetzt bestimmt nicht mehr sagen. Aber Gott sei Dank hat er es bei der nächsten Visite wieder gesagt.
Bei dieser Visite war Karen auch noch da und saß mit Zettel und Stift am Tisch. Als Prof. H. und Oberarzt Dr. W. reinkamen. Da sagte Dr. W.: „Jetzt müssen wir aufpassen, was wir sagen." Ich denke, er dachte, Karen schreibt gleich alles auf, oder er hat das Diktiergerät gesehen. Aber davon wusste er eigentlich nichts. Ich habe gesagt: „Nein, ihr könnt ruhig frei reden." Aber aufgeschrieben habe ich es jetzt trotzdem. Das Diktiergerät lag auf meiner Decke. Als Prof. H. mit mir gesprochen hat, hat Dr. W. das Gerät hochgehalten und gesagt: „Nimmt sie uns auf?" Aber er wusste nicht, dass es ein Diktierge-

rät war. Wisst ihr, was ich gemacht habe? Ich habe den Schlusssatz vom Prof. H., ohne das er es gemerkt hat, mit meinem Diktiergerät aufgenommen. Leider hat das Gerät genau diesen Satz verschluckt. Ich finde das aber nicht schlimm, da er fast jeden Freitag kommt. Da kann ich es noch mal aufnehmen. Als die Visite zu Ende war, sagte Dr. W. zu mir: „Du bist ja ein „Ghostwriter". Wir warten gespannt auf dein Buch."

SCHOKOLADENWEIHNACHTSMANN

Am Abend, als ich mich fertig gemacht hatte, hat Schwester Karena mich in mein Bett gebracht. Danach machte sie die Toilette sauber. Ich kramte in meiner Schublade und fand einen Schokoladenweihnachtsmann, den ich da gar nicht haben wollte. Ich sagte zu Schwester Karena: „Schmeißt du den Weihnachtsmann weg, ich will ihn nicht mehr haben." Sie sagte: „Warum soll ich das denn wegschmeißen, lass es doch als Dekoration da." Ich antwortete: „Karena, der hat keinen Kopf mehr!" Da lachte sie und sagte: „Ich esse die Schokoladenweihnachtsmänner immer vom Fuß bis zum Kopf." Ich antwortete: „Ich esse immer nur den Kopf und dann nicht weiter."

DAS NEUE SPRICHWORT

Als ich nachts nicht schlafen konnte und es schon spät war, wollte ich noch eine Kassette hören. Dafür klingelte ich. Es kam hektisch eine Schwester rein. Ich fragte: „Warum bist du so hektisch? Kannst du mir eine Kassette reinlegen?" Sie antwortete: „Draußen dampft die Kacke." Ich dachte zuerst, draußen würde wirklich Kacke dampfen und wollte schon fragen, ob es stinkt. Aber die Schwester sagte mir dann, dass man das Sprichwort nur dafür benutzt, wenn es gerade stressig ist.
„Da dampft die Kacke" kannte ich nicht. Das war für mich ein neues Sprichwort. Aber ich finde dieses Wort nicht so gut.

DAS FALSCHGEHÖRTE

Ich hatte eine Geschichte geschrieben, die über den menschlichen Körper erzählt.

Als ein neuer Tag begann, weckte Schwester Karena mich und machte meine Pflege. Dabei erzählte ich ihr, dass alle meinen Körper spannend und interessant fänden. Eigentlich wusste Schwester Karena, was ich meinte, aber es hörte sich so an, als wenn alle meinen Körper und nicht meine Geschichte zum Körper spannend und interessant fänden.

Da fingen wir an zu lachen und konnten uns nicht mehr einkriegen.

DER BLÖDE TAG

Es gab einmal einen Tag, der war ganz schrecklich für mich. An diesem Tag habe ich mich mit Schwester Karena, die ich schon so lange kenne und mit der ich mich so gut verstehe, gestritten.

Auf der Station war so viel los, ganz viele, kranke Kinder und Untersuchungen, dass es für sie ganz stressig war. Wie stressig es wirklich war, konnte ich natürlich nicht wissen. Ich versuchte alles zu machen, aber dann geschah es. Schwester Karena hat bei mir etwas gemacht und mir dabei weh getan. Sie wollte es eigentlich gar nicht, aber sie hatte in dem Moment keine Geduld. Damit hatte der Tag für uns beide schlecht begonnen. Ich war auf Schwester Karena sehr sauer, weil sie meinen Tag auch schlecht gemacht hatte, obwohl sie es ja gar nicht wollte.

Einen Tag lang habe ich nicht mehr mit ihr geredet, obwohl sie trotz unseres Streites mir noch „Hallo“ und „Tschüß“ gesagt hat.

Sie war ganz traurig. Dann hatte sie auch noch einen Tag frei und war auch zu Hause ganz traurig. Mir ging es im Krankenhaus genauso. Als sie dann wieder kam, war ich immer noch sauer. Aber Schwester Karena kam zu mir und erklärte mir, wie stressig und schrecklich es für sie gewesen sei, und dass ich nicht mehr mit ihr geredet habe, hat sie so traurig gemacht, dass sie sogar geweint hat.

Ich war auch ganz traurig und enttäuscht. Das musste alles nicht sein. Aber es hatte einfach bei mir auch mal gereicht.

Schwester Karena hat mir aber ein ganz schönes Gedicht geschrieben. Erst wollte sie es auf einen Zettel schreiben, aber dann hat sie eine Karte mit zwei Teddybären gefunden. Am Ende der Geschichte könnt ihr die Karte sehen.

Der Teddy mit der Tasche bin ich und der andere Teddy soll sie sein. Genau wie die Bären, haken auch wir uns beim Spaziergang am Morgen immer unter. Deshalb passt die Karte so gut zu uns.
Unter das Gedicht hat sie noch einen schönen, roten Glitzer – Smily geklebt. Und weil mir das Gedicht so gut gefallen hat, schreibe ich es euch hier auf:

Für Ebru!
Heute haben wir miteinander gestritten
und beide sehr gelitten
Du sprichst nicht mehr mit mir,
doch das verzeihe ich Dir.
Ich finde, Freunde dürfen sich
ruhig mal streiten,
denn sie werden sich auch wieder
Freude bereiten!

Von Karena

Ich hoffe, wenn es wieder so einen stressigen Tag gibt, dass ich mich zusammenreißen kann und nichts sage, auch wenn Schwester Karena meckert. Ich bin jetzt froh, dass wir uns wieder vertragen haben.
Eigentlich wollte ich die Geschichte nicht schreiben, weil es ein so schrecklicher Tag war, dass ich ihn lieber vergessen wollte. Aber das Gedicht von Schwester Karena hat mir so gut gefallen, dass es unbedingt in dieses Buch reinsollte. Ihr wisst ja, dass nicht jeder für einen anderen ein Gedicht schreibt, wenn man sich gestritten hat. Das ist ganz selten. Deshalb habe ich mich auch so gefreut.

DAS VERSTECKTE TIER

Am Montag nach den Weihnachtsferien kam Karen wieder. Sie war am Freitag vorher auch schon dagewesen. Deshalb fragte ich sie am Montag nur, was sie am Wochenende gemacht hätte.

Da erzählte sie mir eine Geschichte. Ich hörte genau zu. Es war sehr spannend. Ich wusste schon, dass Karen mit ihrer Schwester zusammen ein Pferd hat, welches auf einem Hof steht, wo es auch noch einen Hund, Katzen und zwei Esel gibt. Der Hof gehört Sophie und Marten.

An dem Wochenende war Karen mit ihrer Schwester auf dem Hof bei ihrem Pferd.

Als ihre Schwester die Stallgasse fegen wollte, lockte der Hund sie zu einem großen Heuballen, der so gewickelt war wie eine große Klorolle. Er war ca. 1,5 Meter breit und hoch. Daneben lag noch ein großer Haufen bereits abgewickeltes Heu. Der Hund bellte immer und schnüffelte in dem Heu. Er wollte damit sagen, dass dort im Heu etwas war. Da rief Karens Schwester, Sophie und Karen. Karen schob mit einem Reisigbesen vorsichtig Heu weg, immer wieder ein bisschen. Aber der Hund hörte nicht auf zu bellen. Danach drehte Karen den Besen um und nahm den Stiel, um damit das Heu wegzuschieben. Es war sehr spannend, was konnte da drin stecken? Als sie nochmals mit dem Stiel in das Heu ging, hörten sie ein Fauchen. Karen und der Hund erschraken so, dass sie zurück sprangen. Daraufhin verjagten sich ihre Schwester und Sophie, so dass sie fast in eine Box gesprungen wären.

Sie dachten alle, es wäre vielleicht eine Ratte oder ein Igel. Nun traute sich keiner mehr an den Heuhaufen. Sophie rief ihren Mann. Als Marten kam, versuchte er es auch erst mit dem Besen, aber es passierte nichts. Deshalb sagte er: „Gebt mir mal bitte eine Mistforke."

Das wollten die drei aber nicht, weil sie dachten, dass Tier würde dann aufgespießt werden. Also versuchte Marten es noch einmal mit dem Besenstiel. Und wisst ihr, was zum Vorschein kam? Der Hofkater Pauli!

Das ist wirklich unheimlich gewesen. Sie dachten auch, der Kater wäre doch bestimmt erstickt unter dem ganzen Heu.

Als Marten den Kater aus dem Heu rausnahm, stürzte sich sofort der Hund auf ihn. Da hatte der Kater aber wirklich genug! Mir tat der Kater sehr leid, aber es war eine spannende Geschichte.

DER NATURJOGHURT

An einem anderen Tag, lag ich abends in meinem Bett. Schwester Angelika war wieder mal für mich zuständig. Ich bekam Hunger auf Naturjoghurt, deshalb fragte ich Schwester Angelika, ob sie mir den Naturjoghurt geben könnte. In diesem Joghurt ist meistens etwas Wasser drin.
Für mich ich das eigentlich nicht so schlimm. Ich trinke es einfach mit aus, aber Schwester Angelika wollte es im Bad ins Waschbecken kippen. Dabei machte es „Plopp", und der ganze Joghurt lag im Waschbecken. Schwester Angelika lachte laut und ich rief aufgeregt: „Was ist passiert?"
Schwester Angelika sagte: „Der ganze Joghurt ist im Waschbecken gelandet." Dann gab sie mir einen neuen Joghurt, der auch im Becher blieb. Den ließ ich mir dann gut schmecken.

DIE ROLLE TOILETTENPAPIER

Eines Morgens, als ich mal keinen Tropf hatte, ging ich alleine auf die Toilette, um mich fertig zu machen. Schwester Angelika, die für mich zuständig war, machte gerade mein Zimmer sauber.
Bevor ich die Toilette wieder verließ, saß ich auf dem Klo. Ein Stück des Toilettenpapiers war, ohne dass ich es merkte, unter mein Nachthemd gekommen. Wie das passieren konnte, wusste ich selber nicht, weil ich da schon fertig war.
Also ging ich langsam aus der Toilette zu meinem Bett, ohne dabei nach unten zu gucken. Plötzlich rollte die Klopapierrolle hinter mir her, aber ich merkte es nicht, weil ich mit meinen Gedanken ganz woanders war.
Als Schwester Angelika, die kurzzeitig draußen war, wieder reinkam, fing sie ganz laut an zu lachen. Ich fragte: „Was ist denn los?" Schwester Angelika antwortete: „Das ganze Klopapier ist durch das Zimmer gerollt." Ich rief: „Was? Das gibt es doch gar nicht. Wo hast du denn das Klopapier jetzt hingelegt?" „Ich habe es jetzt in den Müll geschmissen." „Warum das denn. Man hätte doch noch etwas davon benutzen können." Aber Schwester Angelika antwortete: „Also, mit dem was auf dem Boden lag, hätte ich mich bestimmt nicht mehr abgewischt!"
„Das stimmt. Du hast Recht. Ich hätte das auch nicht gemacht", erwiderte ich. Später musste ich wieder auf die Toilette und hatte kein Klopapier mehr. Ich musste da sitzen und warten. Dafür habe ich aber vier Rollen bekommen, und alle sind dageblieben. Keine ist mehr aus dem Zimmer gerollt.

DIE LUXUS – PATIENTIN

Ihr wisst ja, wenn man im Krankenhaus ist, hat man immer ein Bett und einen Nachtschrank. Aber ich kannte mal ein Mädchen das hieß Urbe. Ich bekam mit, dass sie in einem Einzelzimmer lag. Sie war die einzige Patientin, die zwei Betten hatte und acht Kopfkissen. Diese benutzte sie für ihren Rücken zum Anlehnen, denn die Kissen im Krankenhaus sind immer ganz dünn, da braucht man viele von. Zwei Decken hatte sie auch, ebenso zwei Nachtschränke und dazu noch drei kleine Betttische zum Essen.
Wenn sie mal nach Hause geht, ist aber viel in ihrem Zimmer zu machen und es geht eine ganze Menge zurück.
Dies ist eine Rätselgeschichte. Wer ein bisschen überlegt, weiß bestimmt, wer dieses Mädchen ist. Mein Tipp – guckt mal auf den Namen.

DIE MYSTERIÖSEN FLECKEN

Es war einmal ein Junge, der hieß Hugo und war 10 Jahre alt. Er lag einfach auf seinem Bett, als plötzlich seine Mutter kam und einen riesen Schreck kriegte.
Sie rief: „Warum sind deine Hände so braun? Hast du im Sand gespielt, oder was hast du gemacht?“
Hugo antwortete: „Ich habe Geflügelwurst gegessen, das war das einzige, was ich angefasst habe.“ Er roch an seinen Fingern und stellte fest, dass sie auch nach Geflügelwurst rochen. Aber seine Mutter konnte nichts riechen.
Die Flecken waren nicht nur an seinen Fingern. Man konnte sie auch schon an den Armen und Beinen sehen.
Auch die Stationsschwester Angelika kam, sah die Flecken und war sprachlos. Hugo sagte: „Vielleicht sind es ja heilige Flecken?“ Die Stationsschwester holte den Arzt und Schwester Ulrike. Auch die beiden waren sprachlos und alle fragten sich, was wohl hinter diesen Flecken stecken mochte.
Die betreuende Schwester, Schwester Silke, beobachtete die Flecken und stellte fest, das abends immer mehr Flecken da waren, als morgens. Alles über die Flecken wurde in Hugos Kurve aufgeschrieben.
Woher kamen die Flecken?
Als Hugo im Bett lag, kam Schwester Silke mit Schwester Astrid rein. Ihrer Meinung nach handelte es sich vielleicht um Wunschflecken.
Als Schwester Astrid wieder weg war, sagte Schwester Silke: „Versuche es mal,

wünsch dir etwas." Hugo sprach seinen Wunsch laut aus. Eigentlich hätte er ihn nur leise für sich sagen sollen, damit er in Erfüllung geht. Aber so hatte es ja nur Schwester Silke gehört.
Danach guckte sie wieder auf Hugos Finger und sagte: „Mir kommt es so vor, als ob es an der rechten Hand mehr Flecken wären, so als hättest du etwas angefasst. Ich werde mal auf der Toilette nachsehen."
Dort fand sie eine Flasche mit Hugos Fingerabdrücken. „Da haben wir es. Der Flascheninhalt ist genauso braun wie deine Finger."
Alle waren erleichtert, dass Schwester Silke die Lösung für die geheimnisvollen Flecken gefunden hatte.
Hugo sagte: „Seht ihr, der Täter war in der Toilette und wir wussten es nicht!"
Da lachten alle gemeinsam und sagten: „Hugo, du hast uns vielleicht einen Schreck eingejagt." Aber Hugo dachte immer noch, es wären heilige Flecken Weil sie nur an bestimmten Stellen waren und nicht überall.
Später rief seine Mutter an und er berichtete ihr von dem guten Ausgang der Geschichte.

DIE WICHTIGE OPERATION

Der Tag war endlich gekommen, auf den ich so lange gewartet hatte. Obwohl der operierende Arzt mir gesagt hatte, dass die Operation nicht helfen würde, war ich in meinen Gedanken fest davon überzeugt, dass es besser werden würde und versuchte, nicht traurig zu sein. Ich hatte auf der anderen Seite auch ein bisschen Angst, dass es schief gehen könnte und ich große Schmerzen haben würde.
Die Schwester gab mir dann Dormikum, das mir helfen sollte, ruhig zu werden und nicht soviel nachzudenken. Dormikum ist ein Saft, den man vor der Narkose bekommt, damit einem alles egal wird. Man wird davon laut und lustig oder auch traurig und still. Später kann man sich dann aber an nichts mehr erinnern.
Ich sollte eigentlich früh drankommen, aber es dauerte dann doch noch 1,5 Stunden. Ich saß dort solange mit Schwester Angelika. Sie erzählte mir später, dass ich dort nur Theater gemacht hätte.
Als die Wirkung vom Dormikumsaft einsetzte, bekam ich plötzlich ganz viel Energie, war sehr glücklich und lachte.
Ich sagte: „Angelika, ich massiere jetzt deinen Rücken." Das tat ich auch und ihren Kopf gleich mit. Danach fing ich an zu singen, und wir tanzten einen

türkischen Tanz im Sitzen. Das heißt auf türkisch Halay. Als wir so tanzten und sangen, kam die Schwester, um mich zu holen. Ich habe einfach immer weitergesungen und alle im Wartezimmer, im Flur und meine Mutter die gerade gekommen war, konnten mich hören. Ich sang immer „Plantschi ...“. Dabei habe ich auch noch Bauchtanz gemacht und ging fröhlich und glücklich in den OP. Meine Mama, die mich noch gehört hatte sagte: „Ich hoffe, so fröhlich wie du rein gehst, so fröhlich kommst du auch wieder raus.“
Als ich im OP war und sie anfingen den Blutdruck zu messen und alles vorzubereiten, sang ich Michael Jackson. Das Lied geht so:

Michael Jackson fuhr nach Spanien,
da traf er drei alte Damen.
Die Erste sagte: „Na, na, na“
(da lachten die Ärzte ganz doll)
die Zweite sagte: „Cha-Cha-Cha“
(dabei habe ich mit meinem Popo hin und her gewackelt)
und die Dritte sagte: „Mi-ch-ae-l Ja-ck-son“

Dann haben sie mir die Narkose gegeben, und ich bin glücklich eingeschlafen. Als ich nach der Operation aufgewachte, war ich froh, dass die Schmerzen nicht so doll waren, wie ich gedacht hatte. Ich wusste, es hatte sich gelohnt! Einen Tag danach hat der operierende Arzt gesagt, dass ich recht hatte. Da antwortete ich: „Das wusste ich schon lange.“ Ich bin froh, dass ich nicht auf ihn gehört habe, obwohl er eigentlich mehr weiß.
Jetzt warte ich darauf, dass es hoffentlich noch besser wird. Aber ich habe es geschafft, bis in die Mitte des Berges zu kommen und habe dafür meine ganze Kraft und meinen ganzen Mut mitgenommen. Ich habe nicht aufgegeben!

ICH HABE EINEN ENGEL IN MIR

Ich hatte eine Krankheit, und sollte operiert werden. Da immer wieder etwas dazwischen kam, dauerte es sehr lange, bis es zu der entscheidenden Untersuchung kam.
Die Wochen davor kreisten meine Gedanken aber nur um diese für mich so wichtige Operation.
Dann kam der Tag, an dem die Untersuchung gemacht wurde. Das Ergebnis

hat der untersuchende Arzt mir dann erklärt und ich habe es mir wie einen Berg vorgestellt.
Der Arzt hat praktisch gesagt, ich stünde am Fuße des Berges und ich könnte stehen bleiben. Dann würde sich aber nichts ändern. Ich könnte aber auch bis zur Mitte des Berges klettern, dann hätte ich die Operation geschafft. Entweder würde ich dann abstürzen und es bliebe alles gleich. Es gäbe aber auch die Möglichkeit, dass ich noch weiter zur Spitze des Berges hochklettern könnte. Wie weit der Weg genau gehen würde, wüsste er aber nicht.
Als der untersuchende Arzt mir das alles erklärt hatte, hörte ich auf meine innere Stimme und wartete auf den operierenden Arzt. Noch bevor er kam, hatte sie mir die Antwort gegeben.
Der Arzt guckte sich die Befunde an und sagte mir, die Operation würde nicht wirklich etwas bringen.
In meiner Vorstellung war das so, als würde ich bis zur Mitte des Berges kommen, aber dann abstürzen und es wäre alles wie vorher.
Aber meine innere Stimme sagte mir: „Du machst die Operation und wirst dann sehen, ob du weitergehen kannst oder nicht. Aber du hast es dann wenigstens versucht."
Es ging alles ganz schnell. Ich brauchte gar nicht zu überlegen, so schnell hat meine innere Stimme geantwortet.
In meinem Bild sagte der operierende Arzt praktisch, ich solle unten am Fuße des Berges stehen bleiben. Ich wollte aber unbedingt versuchen, die Mitte des Berges zu erreichen.
In meiner Vorstellung nehme ich drei Seile mit, die mich im Falle eines Absturzes auffangen können. Dann gehe ich vielleicht nicht den geraden Weg an die Spitze des Berges, aber ich finde dann vielleicht noch einen Umweg, um weiter zu kommen.
Die drei Seile sind für mich meine Mama und mein Papa, mein Spruch „Gib' nicht auf" und mein Engel.
Ich kann sie alle auf einmal benutzen und sollte ein Seil reißen, stürze ich trotzdem nicht ab.
Als ich zurück in meinem Zimmer kam, waren meine Gedanken ganz durcheinander. Ich musste erst mal alles sortieren.
Ich war traurig und wütend und habe geweint. Aber mein Entschluss, den ich mit Hilfe meines Engels gefasst hatte, der blieb bestehen.
Am gleichen Tag war auch meine Mutter da. Sie erzählte mir, dass mein Papa in einem Laden war, dessen Verkäuferin wir kennen. Sie fragte meinen Papa nach mir und sagte dann: „Ihre Tochter hat einen Engel in sich. Sie soll auf ihren Engel hören und es so machen, wie er es sagt."
Und als meine Mutter mir das erzählte, sagte ich: „Aber alle Menschen haben

doch einen Engel in sich!“ Meine Mama antwortete: „Aber bei dir ist es ein ganz anderer Engel. Unsere Familie erlebt manchmal schreckliche Sachen, wir weinen zusammen und sind traurig, aber wir können auch gemeinsam wieder aufstehen und weiter hochklettern.“
Danach fiel mir die Besprechung mit den Ärzten ein und ich merkte, dass meine innere Stimme mein Engel war.
Ob ich in der Mitte des Berges geradeaus gehen kann oder einen Umweg gehen muss, werde ich euch sagen, wenn ich es selber erlebt habe.
Manche Menschen glauben an die Meinung der Ärzte. Aber ich habe mich über die Meinung eines Arztes hinweg gesetzt (ich bin über die Meinung des Arztes rübergegangen), weil er schon mehrere OP’s bei mir gemacht hat und ich in manchen Sachen recht hatte.
Deshalb habe ich darauf bestanden, meine Meinung beizubehalten (weiter zusetzten).

Jetzt sind schon zwei Wochen nach der Operation vergangen und ich habe gemerkt, dass die Operation geholfen hat. In meiner Vorstellung bin ich nicht abgestürzt, sondern jeden Tag ein Stückchen geradeaus gegangen. Bis ich zur Spitze des Berges kam. Aber trotzdem möchte ich mich jetzt noch einmal mit Hilfe meiner Seile auf einen anderen Weg abseilen, um zu gucken, ob ich es noch besser hinbekommen kann.
Ich werde die Hoffnung nie aufgeben. Und wenn es nicht besser wird, werde ich auf der Spitze des Berges warten, ob sich noch ein neuer Weg findet.

MENSCHEN, DIE IMMER FÜR MICH DA SIND

MEINE LIEBE FAMILIE

Ich habe einen Papa, eine Mama und einen älteren Bruder. Mit meiner Mama fange ich an: Wenn ich Gedanken oder Probleme habe, ist meine Mama immer für mich da und findet immer einen Weg. Sie ist mein Schutzengel. Wenn ich weine, weinen wir zusammen. Sie tut alles für mich, damit ich immer glücklich bin. Sie sagt mir immer: „Ebru, mache dir schöne Gedanken, gib niemals auf, wir werden es beide schaffen."

Wenn wir uns mal streiten und ich nicht mehr mit ihr rede, weil ich sauer bin, kommt meine Mama immer, kitzelt mich, und dann vertragen wir uns wieder.

Meine Mama ist ALLES für mich!!!

Und mit meinem Papa ist das so. Wenn meine Mutter mal keine Zeit hat, rede ich immer mit meinem Papa. Er tut auch alles für mich. Er ist mein zweiter Schutzengel. Wenn ich mal was haben möchte, kauft mein Papa mir das gleich. Er ist immer sehr witzig, so wie meine Mutter.

Mit meinem Papa streite ich mich nur so zum Spaß und dann vertragen wir

uns gleich wieder. Mit ihm geht das ganz gut, weil ich immer bessere Argumente habe. Die guten Argumente habe ich, weil ich immer soviel rede. Ich bin sozusagen eine „Labertante“.
Mit meinem großen Bruder rede ich nur manchmal. Er ist jetzt gerade im Stress mit seinem Abitur und so weiter. Wie ihr sicher wisst, sind Jungs nur am chatten, Freunde treffen und gehen in die Disco. Wenn ich was von ihm möchte, macht er es nicht sofort, weil er ein bisschen durcheinander ist. Trotzdem mag ich ihn auch sehr. Er fragt auch immer, wie es mir geht. Aber er redet nicht soviel, er ist sehr still und frisst alles in sich rein. Wenn es mir mal schlecht geht, dann glaube ich, dass er in seinem Zimmer heimlich weint. Ich sage ihm aber, er soll sich nicht so viele Sorgen machen. Wenn es mir mal sehr, sehr gut geht, dann ärgere ich ihn auch mal.
Das ist meine witzige, liebe Familie. Ich hoffe, sie sind immer für mich da, denn so eine Familie gibt es ganz selten.

MEINE MAMA UND UNSER LIED

Meine Mama und ich haben im Fernsehen mal ein schönes Lied gehört. Danach hat meine Mutter gesagt: „Dieses schöne Lied soll unser Lied sein.“ Es hört sich nämlich so an, als ob ich dieses Lied für meine Mutter singe.
Es ist ein türkisches Lied. Aber ich habe es für euch auch auf deutsch aufgeschrieben:

Benimle oynarmasin

Gül ben gülünce sende gül
Hep benim yanimda ol.
Kosalim birlikfe yarinlara.
Anlat bana sevgiyi anlat.
Tut elimden götür beni kosalim birlikte o güzel günlere.
Benimle oynarmisin, benimle oynarmisin
Umutla neseyle benimle oynarmisin.

Spielst du mit mir?
Wenn ich lache, dann lach auch du.
Sei immer bei mir.
Lass uns gemeinsam in die Zukunft laufen.
Erzähl mir die Liebe, erzähl sie mir.
Nimm mich an die Hand und lass uns gemeinsam laufen.
Spielst du mit mir? Spielst du mit mir?
Mit Hoffnung und Spaß, spielst du mit mir?

Ach ja, da war noch was. Ihr wisst ja von meiner Operation, die ich mit Hilfe meines Engels geschafft habe. Danach habe ich, um meine Mutter zu überzeugen, dass die Operation mir wirklich geholfen hat, eine Überraschung für sie gemacht. Das Bild und den Text seht ihr hier.

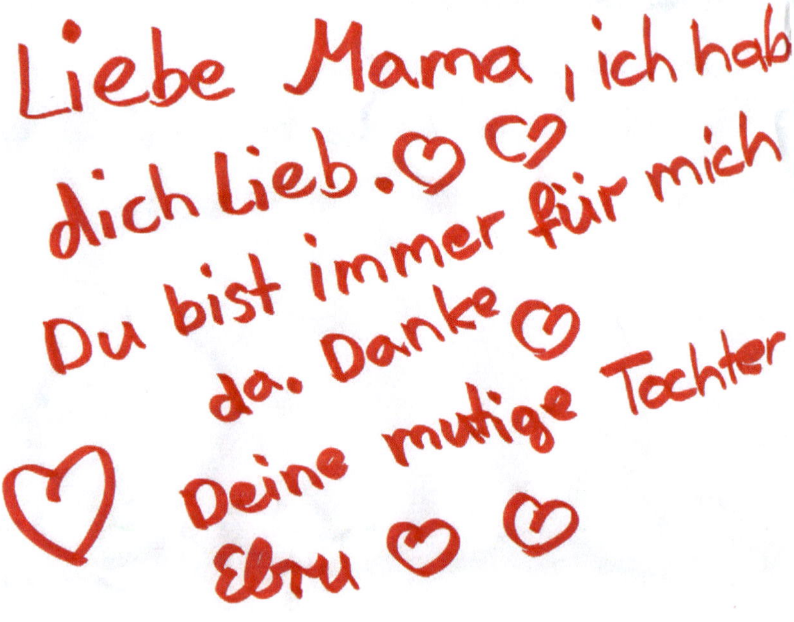

Liebe Mama, ich hab dich Lieb.

Du bist immer für mich da. Danke

Deine mutige Tochter Ebru

MEINE LIEBLINGSTANTEN

Eigentlich habe ich viele Tanten, aber in diesem Buch schreibe ich nur über meine Lieblingstanten, weil ich sie besonders gerne habe.
Die eine heißt Nazik teyze und hat eine Tochter die Selma abla heißt. Die andere Tante heißt Narin hala, sie hat zwei Töchter, Gül abla und Buket abla. Teyze und hala heißt übersetzt Tante, wobei bei uns zwischen mütterlicher – und väterlicherseits unterschieden wird. Abla heißt übersetzt Schwester, wobei es bei uns auch für Cousine angewendet wird.
So fängt es mit meinen Tanten an: Nazik teyze und ihre Tochter kommen mich immer im Krankenhaus besuchen und machen mir eine Überraschung, in guten und in schlechten Zeiten. Nazik teyze hat mir auch immer selbstgemachte Nudeln und Teigteile gemacht, obwohl sie Rückenschmerzen hat. Sie hat es immer gerne für mich gemacht. Sie ist wie eine Mutter, obwohl ihr Weg zu mir nach Hause weit ist, kommt sie trotzdem zu mir. Sie meckert sich immer selber an, weil der Weg so weit ist. Sie würde noch öfter kommen, wenn der Weg nicht so weit und ihre Rückenschmerzen nicht so doll wären. Sie tut alles für mich. Wenn es mir mal schlecht geht und meine Mutter weinen muss, weint sie immer mit. Sie fragt immer, wie es mir geht. Sie merkt schnell, wenn es mir schlecht geht und ruft dann meine Mutter an. Schade, dass sie so Rükkenschmerzen hat. Ich wünsche mir, dass ich ein Mittel finde, damit ich ihre Rückenschmerzen wegmachen kann. Aber wenn es ihr gut geht, kommt sie mich immer besuchen. Das, was sie redet, hört sich immer süß an und ich muss lachen. Es macht immer Spaß, wenn sie da ist. Das gleiche gilt auch für ihre Tochter. Die Tochter ist eine Schokoladenliebhaberin. Nazik teyze hat auch eine Schwiegertochter. Sie heißt Tugba abla und macht mir fast jeden zweiten Tag einen Schokoladenkuchen. Der schmeckt besonders lecker. Sie ist fast die gleiche, wie Nazik teyze und ihre Tochter.
Da ist noch eine Tante, sie heißt Sakine teyze und ist genauso nett wie Nazik teyze.
Narin hala ist auch ein Schatz, genauso wie meine Nazik teyze. Als ich in den Sommerferien vom Krankenhaus nach Hause gehen durfte, ging es mir nicht so gut, weil ich viele Gedanken im Kopf hatte: Was sich durch die Krankheit verändert, was kann noch alles kommen? Aber meine Narin hala hat mich niemals im Stich gelassen. Sie ist so wie Nazik teyze und ihre Tochter. Ihr Weg zu mir ist nicht so weit. Deshalb kam sie jeden Tag. Aber sie wäre auch gekommen, wenn der Weg weit gewesen wäre. Sie hat mich in meinen schlechten Zeiten niemals alleine gelassen. Wenn es mir schlecht ging, habe ich sie angerufen, weil ich wusste, dass sie kommen würde und es mir dann besser gehen würde. Sie kam immer von 16.30 Uhr bis 24.00 Uhr. Wir haben drau-

ßen gesessen, gegrillt und viel Spaß gehabt. Natürlich waren ihre zwei Töchter Gül und Buket abla auch dabei. Durch ihr Kommen und Reden ging die Zeit für mich schnell vorbei, da hatte ich keine Zeit, mir Gedanken zu machen, weil sie mich durch ihr süßes Reden glücklich machten. Sie hat mir, wenn sie für ihre Kinder zu Hause gekocht hat, immer was abgegeben. Bis heute macht sie das. Alle fünf kommen mich im Krankenhaus oft von 14.00 Uhr bis 19.00 Uhr besuchen. Solange bleibt außer meiner Mutter sonst niemand bei mir. Das sind meine glücklichen Tanten und Cousinen. Ich bin froh, dass ich sie habe.

Natürlich habe ich auch andere Tanten. Ein paar von ihnen sind auch ganz nett. Sie heißen: Zeliha hala, Ayse teyze, Yasemin abla, Sengül yenge und Leyla teyze.

Diese Tanten haben viel zu tun und viel vor und können deshalb nicht so oft zu mir kommen. Aber ich mag sie auch sehr gerne. Sie rufen mich immer an und fragen, wie es mir geht. Das reicht mir schon. Ich weiß ja, dass sie an mich denken. In der Türkei wohnt die Familie meiner Mutter. Das sind ganz, ganz viele nette und liebe Menschen. Wenn es mir schlecht geht und meine Mutter weint und sie dann in dem Augenblick gerade anrufen, dann muss fast die ganze Familie weinen. Sie beten und suchen Möglichkeiten, die mir helfen könnten, dass es mir wieder besser geht. Das sind meine lieben Tanten und Cousinen. Ich bin froh, dass sie immer für mich da sind, bis heute. Ich hoffe, wenn es mir irgendwann wieder gut geht, dass ich auch etwas für sie tun kann. Aber eigentlich wollen sie nur, dass ich gesund werde. Das reicht ihnen schon.

DIE HOSPIZFRAU

Wenn mal Wochenende ist und meine Mutter später kommt, dann kommt immer eine Frau vom Hospiz. Sie heißt Karin.
Karin habe ich vor vier Jahren kennen gelernt. Sie hat mich nie im Stich gelassen. Meine Mama ruft Karin immer an, wenn ich sie brauche. Wenn Karin da ist, reden wir so lange, dass nach ein paar Stunden unsere Zungen fusselig werden. Wir haben immer viel zu erzählen. Wenn ich Fragen habe, weil ich etwas nicht verstehe, frage ich Karin, weil sie es bestimmt weiß.
Sie hat mich auch mal zu Hause besucht. Wir waren gemeinsam im Universum, sind im Bürgerpark spazieren gegangen und haben dort ein Picknick gemacht.
Karin ist eine sehr nette Frau. Ich finde es einfach toll, dass sie Menschen die z.B. im Rollstuhl sitzen, oder so wie ich sind, besuchen geht. Ach ja, sie ist auch immer sehr witzig.
Sie war mal bei mir im Krankenhaus und wir haben uns unterhalten. Da habe ich zu ihr gesagt: „Wo sind wir stehen geblieben?“ und sie hat geantwortet: „Ich bin sitzen geblieben, und du bist halb liegen geblieben.“
Sie schreibt auch oft Briefe an mich und ruft mich an. Oder ich rufe sie mal an. Karin ist super. Ich bin froh, dass sie immer für mich da ist.

WITZIGE GESCHICHTEN VON ZU HAUSE

MEIN VATER MIT DER MAUS

Als ich aus dem Krankenhaus wieder zu Hause war, da ging ich auf mein Sofa und saß da. Mein Vater war auch da. Er erzählte mir, dass er in den Keller gegangen ist und da eine kleine, süße Maus gesehen hat. Er war mutig und ging an der Maus vorbei in sein Arbeitszimmer. Er saß auf seinem Stuhl. Da kam die Maus hinterher und wollte mit ihm spielen und machte immer ihre Füße hoch. Mein Vater fand die Maus sehr süß und brachte ihr von oben Brot mit.

Er legte das Brot für die Maus auf den Boden, und sie knabberte daran.

Immer, wenn meine Mutter bisher in den Keller ging, waren die Fenster offen. Sie sagte immer zu meinem Vater: „Irgendwann mal kommt bestimmt eine Maus rein.“ Das ist jetzt passiert.

Mein Vater sah, wie die Maus das Brot knabberte und sagte: „Ich glaube, ich muss die Maus jetzt einfangen, sonst kriegt meine Frau Angst, wenn sie in den Keller kommt. Aber eigentlich hätte er sie lieber behalten. Danach stellte mein Vater drei Mäusefallen mit ein bisschen Käse auf. Die Maus kam, sprang um die Mäusefallen herum und mein Vater wunderte sich, weshalb es nicht schnell ging. Aber dann hat die Mausefalle sie doch eingefangen. Die Maus schrie immer: „Pieppieppiep!“ Mein Vater fand die Maus so süß und ließ sie zwischen unseren Tannen frei. Die Maus rannte ganz schnell und guckte, dann war sie schon weg.

Mein Vater sagte: „Bestimmt kommt die Maus mich irgendwann mal besuchen.“ Seitdem macht meine Mutter die Fenster im Keller nicht mehr auf und sagte zu meinem Vater, er soll vor die Fenster ein Gitter machen.

DIE FLIEGEN

Wieder einmal saß ich im Wohnzimmer und wollte mit meiner Mutter ein Nickerchen machen. Immer, wenn ich schlafen wollte, kam eine Fliege. Da sagte ich zu meiner Mutter: „Hol mal eine Fliegenklatsche und klatsch der Fliege eine rein.“ Meine Mutter machte das, aber weil sie so müde war, legte sie die Fliege einfach nur in eine Ecke. Sie wusste, dass bestimmt noch eine Fliege kommen würde. Das ging immer so weiter. Es kam immer wieder eine neue Fliege. Meine Mutter legte alle getöteten Fliegen in eine Ecke. Ich fraget sie: „Wie viele Fliegen hast du schon getötet?“ Meine Mutter sagte: „Sechs Stück schon, aber jetzt können wir in Ruhe schlafen.“

Ich dachte, hoffentlich stimmt das und alle Fliegen sind tot.

GEMÜSEGARTEN

Ich war zu Hause im Wohnzimmer und guckte Fernsehen. Meine Mutter musste in den Gemüsegarten gehen und Eisbergsalat pflücken. In unserem Garten gibt es ganz viel Eisbergsalat. Meine Mutter macht daraus oft einen schönen, frischen Salat.
Sie guckte in den Salat, den sie pflücken wollte und sah, dass sich dort etwas bewegte. Sie dachte, es könnte eine kleine Ameise sein. Als sie mit dem Pflükken fertig war, trat sie irgendwo drauf und es quiekte. Sie hob ihren Fuß hoch und sah eine tote Maus. Da schrie sie ganz laut und lief ins Haus. Mein Vater kam und sagte: „Warum schreist du so?“ Sie antwortete: „Draußen ist eine kleine Maus im Gemüsegarten.“ Mein Vater ging in den Gemüsegarten und guckte und sagte: „Ach, die Maus ist doch schon tot. Du hast sie doch selber getötet und schreist auch noch.“Da brachte mein Papa die Maus weg und meine Mutter war beruhigt.
Diese Geschichte erzählte mir meine Mutter, als ich im Wohnzimmer saß.

DIE GRILLPARTY

Mein Onkel gab eine Grillparty und lud seine Familie ein.
Meine Tante stand am Grill. Auf einmal schrie sie ganz laut: „Aaaaaah!“ Da kam meine andere Tante und fragte: „Warum schreist du so?“ „Ach, ich habe vergessen, die Blumen zu gießen“, sagte sie. Meine andere Tante fragte: „Soll ich das machen?“ Aber so wichtig war es nicht. Das mit den Blumen stimmte auch nicht, sie hatte nämlich in Wirklichkeit eine Maus gesehen und wollte nur den Anderen keinen Schrecken einjagen.
Als die Grillparty zu Ende war, gingen die Gäste nach Hause. Nur meine Tanten, meine Onkel und ihre Kinder waren noch da.
Meine Tante ging dann zu meinem Onkel und sagte: „Ich habe eine Maus gesehen.“ Meine Cousine, die das mit anhörte, sprang plötzlich auf einen Stuhl und kniff meinem anderen Onkel in den Arm, wobei sie laut schrie. Er ging in den kleinen Schuppen und entdeckte ein Mauseloch. Er nahm einen Eimer und legte Käse hinein. Dann stellte er ein kleines Brett an den Eimer, damit die Maus hoch laufen konnte, um in den Eimer zu fallen. Mein Onkel wartete auf die Maus. Auf einmal kam sie raus und fiel in den Eimer, sprang dann aus dem Eimer wieder raus und schlüpfte wieder ins Mauseloch. Mein Onkel sagte:„Ooohh, das ist ja ein Ding!“

Danach ging er in die Apotheke und erzählte, dass bei ihm eine Maus ist, die er aber nicht töten wolle. Da bekam er von der Apothekerin ein Glas. Dieses hatte ein Loch, damit die Maus atmen konnte und eine Klappe, damit sie rein aber nicht wieder raus konnte. Mein Onkel ging damit zurück in den Schuppen und stellte das Glas mit dem Käse hin.

Die Maus kam und war in dem Glas gefangen.
Dann sagte er zu meiner Tante, dass er die Maus gefangen hätte. Meine Tante sagte: „Ich muss es meiner Tochter zeigen, sonst glaubt sie mir nicht."
Das tat sie dann auch. Meine Cousine sah die Maus und sagte: „Oooh, wie niedlich. Töte sie nicht." Ich fragte mich, warum sie erst schreit und meinen Onkel kneift und dann die Maus so niedlich fand.
Was mit der Maus passierte, weiß ich leider nicht.

DIE NEUE SPRACHE

Meine Oma und meine Tante kamen an diesem Tag neu nach Deutschland. Sie konnten nur ein ganz bisschen Deutsch.
Meine Oma machte mit meinem Vater einen Ausflug. Da kam ein Mann und um festzustellen, ob meine Oma Deutsch sprechen kann fragte er: „Wo wohnen Sie?" Meine Oma antwortete: „Ja, Dankeschön!" Mein Vater sagte: „Oh Mutter, du hast falsch geantwortet, was sagst du da?" Meine Oma antwortete: „Erzähle das niemandem."
Mit meiner Tante war das so: Ihr kennt bestimmt den Film „Dick & Doof". Meine Tante dachte, Dick sei dick und Doof sei dünn. Aber das eine stimmt ja nicht. Das wusste sie natürlich nicht.
Sie ging in einen Laden und wollte ein Band kaufen. Sie wollte kein dickes, sondern ein dünnes Band. Sie sagte zu dem Verkäufer: „Ich möchte kein dickes, sondern ein doofes Band haben." Der Verkäufer lachte sich schrott und sagte: „Wir haben kein doofes Band, nur dickes und dünnes." Da meinte meine Tante: „Ach ja, ich wollte dünnes Band."

DIE KLASSE

Ich ging zur Schule in meine Klasse. Es war so Viertel nach acht. Um halb neun kommt unsere Lehrerin.
Sie ist eigentlich ganz nett, aber wenn die Kinder ganz doll laut sind, kann sie meißtens nicht so gut schreien. Wenn sie schreit, hört keiner auf sie.
An diesem Tag war sie plötzlich sehr rot im Gesicht, wie eine Tomate. Sie stieg vor Wut auf den Stuhl und schrie. Daneben saß ein Mädchen und fragte die Lehrerin: „Warum stehst du auf dem Stuhl?“ Sie antwortete: „Weil keiner auf mich hört.“ Dann stieg sie wieder runter und die Stunde war vorbei. Aber wisst ihr was, das macht sie nicht jedes Mal. Nur das eine Mal war es so. Aber gebracht hat es auch dieses Mal nichts.

SCHLUSSWORT

WAS ICH NOCH SAGEN WOLLTE

Ihr fragt euch bestimmt, weshalb ich die traurigen Geschichten nicht erzählt habe. Das war wirklich so traurig, dass ich meistens weinen muss, wenn ich darüber erzähle. Das waren ganz schlimme Erlebnisse, die ich vergessen möchte, um sie nicht mehr in Erinnerung zu haben.
Weil ich so gerne lache und nicht weine und lieber witzige Sachen erzähle, damit die anderen lachen, deswegen habe ich die witzigsten Sachen geschrieben. Weinen ist für mich ganz schlimm.
Wenn ich es erzählt hätte, könnten manche von euch mich vielleicht nicht verstehen oder die von euch, die es verstehen, hätten mit mir Mitleid. Aber das mag ich nicht. Ich mag lieber lachen. Mein Leben fühlt sich für mich so an, als ob es nur aus Krankheiten und traurigen Sachen besteht. Aber zwischendurch lache ich auch mal.

Das erzähle ich euch, damit ihr wisst, wie ich in Wirklichkeit bin. Ich bin eigentlich ein sehr kräftiges Mädchen und werde nie die Hoffnung aufgeben und weiter kämpfen, egal welche Krankheit ich hab. Ich mache mir immer schöne Gedanken, um mein Leben schöner zu machen. Dafür habe ich mir ein Buch gemacht. Es heißt „Ebru's Gib – Nicht – Auf – Buch". Da hab ich aufgeschrieben, was ich kann, was ich mag, was ich erreichen möchte und wie ich es schaffen kann. Und andere haben aufgeschrieben, was sie von mir denken. Im Anhang könnt ihr Fotos von diesem Buch sehen. Vielleicht ist es auch eine Anregung für euch. Wenn ich mich schlecht fühle denke ich daran, und es hilft auch manchmal.
Ich freue mich auch über Kleinigkeiten, wie z.B. eine kleine, gute Nachricht vom Arzt.
Dieses Buch lesen bestimmt viele Menschen. Deshalb möchte ich euch damit sagen, wenn ihr gesund seid, macht alles was ihr euch wünscht und was ihr machen könnt. Man weiß nie, was einem zukommt. Stellt euch mal vor, ihr seid gesund und plötzlich kommt so eine Krankheit und ihr könnt nichts mehr machen. Natürlich kann man dann noch was machen, man darf nur nicht aufgeben.

Wenn der Arzt euch was Schlimmes sagt, nehmt es niemals ernst, sondern denkt immer an was Gutes und sagt euch immer, dass ihr gesund werdet. Denn an einer schlimmen Sache, gibt es immer noch was Gutes. Es kann auch mal ein Wunder passieren. Das könnte dann den Ärzten einen Schock geben, aber sie würden sich bestimmt mit euch freuen.
Seid immer wie ihr seid und hasst das Leben nicht, auch wenn es schwer fällt. Es wird bestimmt irgendwann mal ein Wunder geben.
Ich habe mal gedacht, dass bestimmt ein Tag kommt, wo ich gesund werde. Dann fängt das Leben für mich neu an ...

Wenn Euch mein Buch gefallen hat, würde ich mich über Post von Euch sehr freuen. Schreibt mir doch bitte an folgende Adresse:

Prof. Hess – Kinderklinik
Sozialpäd. Abtl.
„Villa Paletti"/Ebru Pek
Friedrich – Karl – Strasse1
28177 Bremen

ANHANG

Ebrus
Gib nie auf!
[redacted]

Ich kann gut...
mit Kleinen Kindern Spieln
Reden
Helfen
Sport
Spanisch
Witze erzählen
eim zum Lachen bringen

„Es wird bestimmt irgendwann
mal ein Wunder geben." EBRU PEK

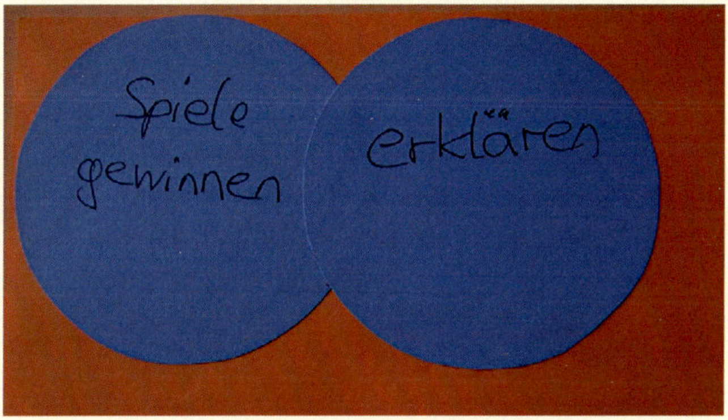

Schöne Gedanken
Kleine Geschenke
wenn meine Tante über meinen kleine Nefen redet
wenn meine Aunt mir nicht we tut
flüchen z.b Scheise
wenn ich mit jemanden rede oder mit Freunde rede
wenn wir Piknik machen

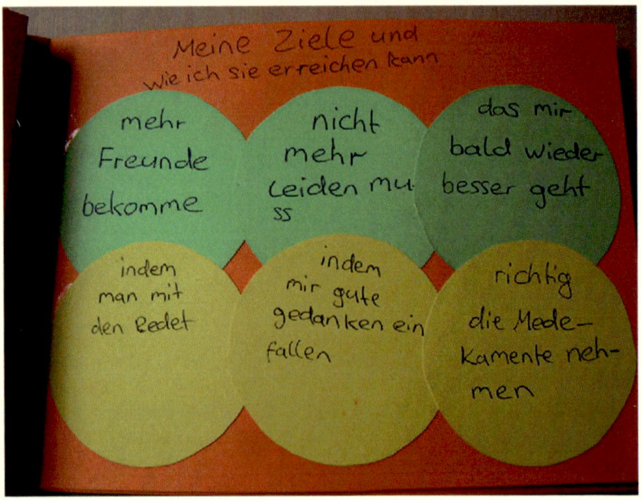
Meine Ziele und wie ich sie erreichen kann
mehr Freunde bekomme
nicht mehr leiden muss
das mir bald wieder besser geht
indem man mit den Redet
indem mir gute gedanken ein fallen
richtig die Mede-kamente neh-men

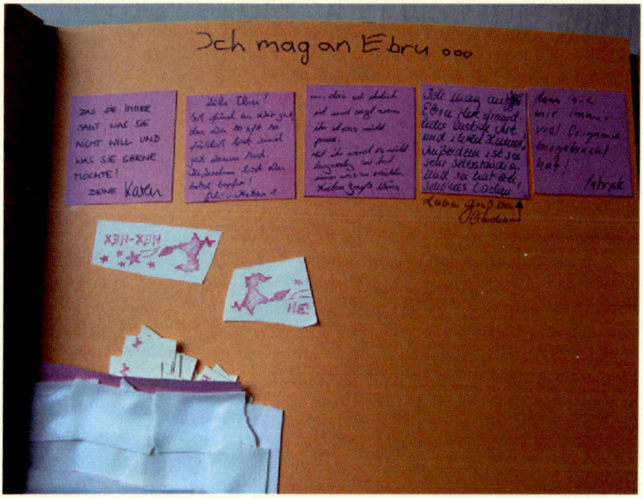
Ich mag an Ebru ...
DAS SIE IMMER SAGT, WAS SIE NICHT WILL UND WAS SIE GERNE MÖCHTE! DEINE Karen

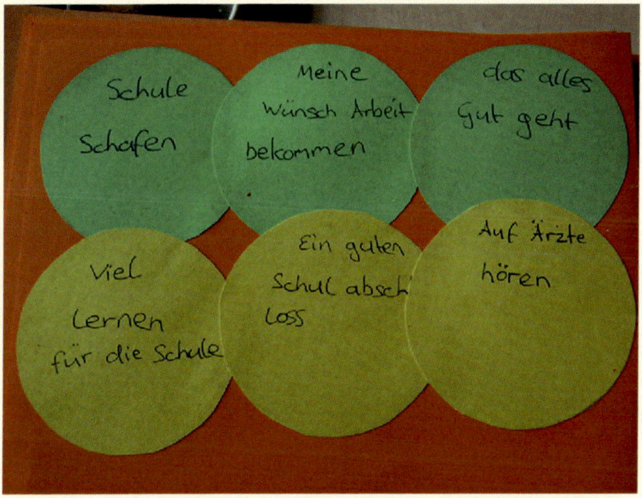
Schule Schafen
Meine Wünsch Arbeit bekommen
das alles Gut geht
Viel Lernen für die Schule
Ein guten Schul absch loss
Auf Ärzte hören

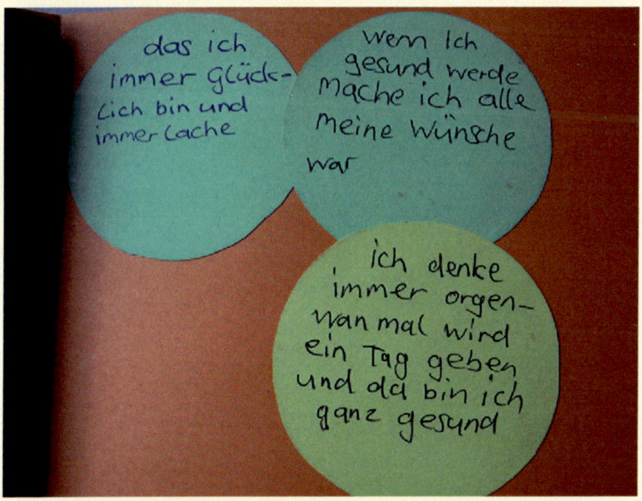
das ich immer Glück-lich bin und immer Lache
Wenn Ich gesund werde Mache ich alle meine Wünsche war
ich denke immer orgen-wan mal wird ein Tag geben und da bin ich ganz gesund

Was andere an mir Mögen ooo
das ich Lustig bin
das ich viel erreiche und viel Schafe
anderer Mensch bin
Viel Aushalten können
Jdeen habe
das ich erlich bin

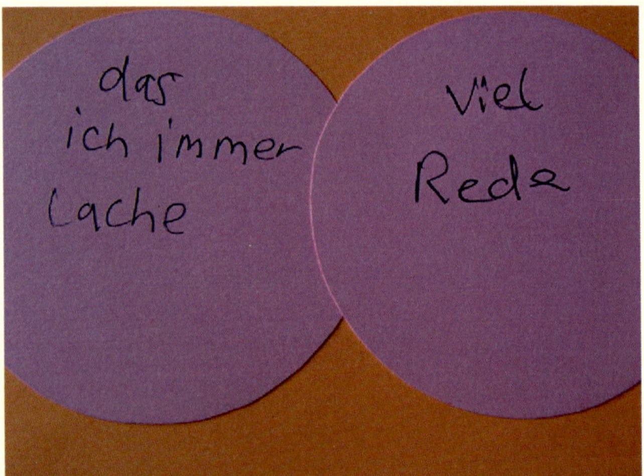
das ich immer Lache
Viel Reda